日本の近代とは何であったか

――問題史的考察

三谷太一郎
Taichiro Mitani

岩波新書
1650

目　次

目　次

＊原文の片仮名表記は平仮名表記としたものがある。
また適宜句読点を加えた。

序章　日本がモデルとしたヨーロッパ近代とは何であったか

日本の近代は、日本が国民国家の建設に着手した一九世紀後半の最先進国であったヨーロッパ列強をモデルとして形成されました。当時ヨーロッパでも、カール・マルクスが『資本論』第一巻の第一版序文に述べているように、「産業的により発達している国は、発達程度のより低い国に対して、その国自身の未来の像を示す」という見解が一般的でした。後進国にとって、ヨーロッパ化は正負両面において不可避と考えられていたのです。「国民は他の国民から学ぶべきものであるし、また学びうるものである」とマルクスが述べた所以《ゆえん》はそこにありました。それから一世紀以上を経て、一九七〇年代半ばに唱えられたウォーラーステインらの「世界システム」論などの原型は、既に一九世紀の七〇年代における世界資本主義の「中心」(center)であったヨーロッパの自己認識の中に胚胎していたように思われます。

近代日本のモデル

一八七一(明治四)年から七三年にかけて、岩倉具視《いわくらともみ》を特命全権大使とする政府使節団が不平等条約改正交渉のために欧米に派遣されました。彼らは外交交渉よりも欧米から学ぶという目的意識をもって海を渡ったのです。岩倉使節団が最初に訪問した米国は、他の西洋諸国の先頭に立って、日本に対して「開国」を強制する圧力、いわゆるウェスタン・インパクトを加えましたが、当時日本の目から見ても米国はヨーロッパ諸国と必ずしも一体ではなく、むしろそれから区別される後進国に属し、その意味では日本と同等でした。しかし米国は日本に先がけて、ヨーロッパの母国である英国からの独立を勝ち取り、さらにヨーロッパ諸国と同等に日本に対して不平等条約のもたらす権益を享受していました。現に幕末の日本で世界情勢に通じていた一部の知識人からは、米国は「攘夷」の成功的事例とさえ見られていましたし、非ヨーロッパ国家としてヨーロッパ的近代化の先行的事例を提供していたのです。

日本の近代化の過程において、米国が日本に対して及ぼした独自の強い政治的文化的影響の歴史的根拠はそこにありました。日本のヨーロッパ化は、アメリカ化と不可分でしたし、そうであるのみならず、世界の中心がヨーロッパからアメリカに移るにしたがって、日本にとってヨーロッパ化はアメリカ化に転化する必然性をもっていたのです。

日本が国家形成を具体的な目標に据えて、ヨーロッパを最適モデルとする近代化を開始した一九世紀後半の幕末維新期においては、ヨーロッパでは自分たちの歴史的経験としての「近代」について理論的な省察が始まっていました。そこから、「近代とは何であったか」という問題意識から生じた「近代」概念の萌芽も見られました。ここでは、その典型的な事例として、一九世紀後半に活動した英国のジャーナリストであるウォルター・バジョット(一八二六〜一八七七年)の試みた考察を検討します。それが本書の課題、「日本の近代とは何であったか」という問いに答える一つの手掛りを与えてくれるからです。

バジョットとマルクス

バジョットはカール・マルクスと同時代人です。マルクスの『資本論』第一巻が出版されたのと同じ年の一八六七年に代表作『英国の国家構造』(*The English Constitution*)を刊行しています。二人はともにジャーナリズムに携わり、ともに政治経済学的観点から英国近代を分析しました。両者とも、政治と経済を相互に密接に関連させて議論しました。マルクスの政治分析はその経済理論と不可分(あるいは両者を不可分とする哲学や世界観から発したもの)でしたし、バジョットが英国金融市場を分析した成果である『ロンバード・ストリート』(一八七三年)は、英国政治体制を分析した『英国の国家構造』と対を成すものでした。またマルクスもバジョットも、自然科学の勃興に触発され、物理学や生物進化論をモデルとして、既成の政治学や経済学を批判しながら、一九世紀後半の英国に最も先端的に体現された近代の現実を解明しうる新しい学問の確立を目指しました。

マルクスは「経済学批判」としての『資本論』において、物理学者が自然過程を観察する方法にならって、「経済的な社会構造の発展を自然史的過程として理解しようとする」立場をとりました。そして資本主義的生産様式やそれに相応する生産関係・流通関係が最も典型的に形成された英国を、「自然過程が最も的確な形態で、攪乱的影響によって混濁されることが最も少なく現われる場合」に相当するとして、理論を展開するために引照する主要な基準としました。

他方、バジョットは同時代の現実を「鉄道や電信の発明」、すなわち交通通信手段の革命的変化がもたらした「新世界」として認識し、同時に「思想の新世界が目には見えないけれども、空中に存在し、われわれに影響を及ぼしている」と見ました。そして「新しい思想が二つの古い科学、政治学と経済学を変えつつある」と洞察しました。ヨーロッパ近代がその客観的な把握を可能にするような明確な特色を現わしつつあった状況において、マルクスがそれに適合する新しい経済学を追求したように、バジョットもまた同じ目的意識をもって新しい政治学を模索したのです。

ウォルター・バジョット

自然科学というモデル

バジョットが新しい政治学のモデルとしたのは、マルクスと同様に、「近代」の最も顕著な徴表である自然科学でした。バジョットはそれを広義の「物理科学」(physical science または physics)と呼びます。

バジョットによれば、それは「外的自然の細部にわたる系統的研究」を意味し、「自然学」(a study of nature)といいかえてもよいものでした。「確立された自然学を新しい道具や新しい事物の発見のための基礎として利用しようという考えは、初期の人類社会には存在しなかったのであり、それは未だに少数のヨーロッパ諸国に特有の近代的観念なのである」とバジョットは述べています。古代最高の知識人ソクラテスは、自然学が不確実性を生み、人間の幸福を増進しないという理由で、反自然学的であったとバジョットは考えました。バジョットにとっては、「自然学」が知的世界における「近代」と「前近代」とを分かつ最大の指標であったのです。

こうして「自然学」は、バジョットによれば、一八世紀のニュートン、一九世紀のダーウィンに象徴される物理的生物的自然についての画期的理論によって「近代」を開きました。このような「自然学」が担った役割を、「政治的自然」(political nature)、すなわち「外的自然」に対峙する内的自然、いいかえれば「人間的自然」(human nature)を対象とする政治学において担うことを期したのが、バジョットの『自然学と政治学』(*Physics and Politics*, New Edition, Kegan Paul, Trench, Trubner & Co., Ltd., 1872)でした。それは政治学における「自然学」的次元を開き、「政治的自然」を強化し、発展させる力としての「自由」に基づく政治、すなわち「議論による統治」(government by discussion)の確立を目的とするものでした。それがバジョットの最も基本的な

「近代」概念です。この著書の副題は「政治社会に対する〈自然淘汰〉と〈遺伝〉の原則の適用に関する考察」(Thoughts on the application of the principles of 'natural selection' and 'inheritance' to political society)です。この副題に見られるように、バジョットには「自然学」の分野でダーウィンが開発した進化論の概念によって政治的進化、つまり近代化を説明しようとする意図がありましたし、実際にそうした試行が同書に見られないわけではありません。しかし、それよりも「近代」の道標となった「自然学」に対応する「政治学」独自のパラダイムを提示することがバジョットの目的であったように思います。

なお丸山眞男によれば、日本において「近代」を特徴づける中核的学問領域を「(数学的)物理学」とみなし、これを旧体制における正統的学問である「倫理学」と対極に位置づけたのは、福沢諭吉でありました。これが丸山のいう「福沢に於ける「実学」の転回」(一九四七年)という命題であります(『丸山眞男集』第三巻、岩波書店、一九九五年所収)。これは、まさにバジョットが『自然学と政治学』において打ち出した命題と基本的に同一であります。福沢は『自然学と政治学』を深く読みこんでいたのかもしれません。

二人の「近代」

このようにマルクスとバジョットとはともに「自然学」を最も典型的な「近代」の学問とみなし、それをモデルとして、「近代」の最も先端的な現実を体現している英国近代の歴史的事例を主要な素材としながら、政治学や経済学における「近代」を模索しました。しかし二人の「近代」概念は著しく異なっていました。両者はともに政治と経済との関係を重視しながらも、バジョットは英国の国家構造を実際に機能させる「実践的部分」の中枢としての政党内閣の出現に英国近代の歴史的意味を見出したのに対して、マルクスは商品とその価値の分析を通して抽出した資本の論理によって「近代」を説明しようとしました。つまり、バジョットは政治体制の変化に重点を置いた「近代」概念を提示し、マルクスは資本主義の成立に重点を置いた「近代」概念を提示したといえるでしょう。

また、マルクスは商品化された労働力の主体であるプロレタリアートの政治的能動性を重視し、「近代」の資本主義的生産様式の次に到来すべき「近代」後の新しい生産様式とそれに相応する社会を形成する主導的役割をプロレタリアートに期待しました。これに対して、バジョットは伝統的な議会制の下で出現した政党を基盤とする「内閣」(The Cabinet)による政治的能動性の集中を重視し、それを支持し補完する要因として、体制への畏敬と恭順とを喚起する体制の「尊厳的部分」(女王や上院)の役割とそれによって涵養される被統治者の政治的受動性に意味を認めました。バジョットの「近代」概念は、後にも述べるように、「議論による統治」を成り立たせる要因として、迅速な行動性よりも、これを緩和し、鎮静させる熟慮を求める

「受動性」を重視しています。

前近代と近代

バジョットの「近代」概念とはいかなるものであったのかをその歴史的由来について、より深く掘り下げてみます。バジョットの「近代」概念にとって重要なのは、「前近代」との関係でした。バジョットの場合、「近代」と「前近代」との間には断絶と連続とがありました。「近代」は「前近代」を否定し、それから断絶することによって成立すると同時に、「前近代」のある要素を蘇らせることによって出現すると説明するのです。「近代」から断絶される「前近代」の要素とは、固有の「慣習の支配」です。それは「近代」を特徴づける「議論による統治」とは相容れません。ただ、「前近代」にも、古代ギリシャに見られるように、「慣習の支配」と対立する「議論による統治」の先駆的形態が形成されていました。バジョットによれば、ヘロドトスにおいて、すでに「議論の時代」(the age of discussion)が始まっていました。ヘロドトスは同時代のギリシャの中で、「果てしない政治的議論を聞いていたに違いない」とバジョットは指摘します。「その著書には抽象的な政治論の多くの萌芽的な痕跡が見られる」というのがバジョットの観察です。トゥキディデスになると、議論の成果はそれまでにないほどに結実しています。プラトンやアリストテレスのような最高の哲学者たちが書いた書物のあらゆるページには、彼らが生きた「議論の時代」が豊かに消しがたく跡をとどめています。少なくとも彼らに対しては「前近代」を貫く「慣習の支配」は全面的に破壊されていたのです。

そのような「前近代」における「議論による統治」の伝統は、アテネに代表される古代ギリシャの他にも古代ローマ、中世イタリア諸共和国、封建ヨーロッパの諸共同体や身分議会にも共有され、特別な影響力をもっていました。それらはそれぞれの影響力をそれらのもつ「自由」に負っていました。そこではのちに国家に集中することになる「主権的権力」(sovereign power)が分割されており、各権力主体の間で議論が行われていたのです。それはバジョットによれば、政体の如何とは関係なく「自由国家」(free state)というべきものでした。それが「近代」における「議論による統治」を生み出す「自由」と歴史的に連続していたのです。その意味でヨーロッパにおいては、古代史や中世史は近代史の一部でもあったということでしょう。

もっとも同じヨーロッパの政治的伝統を前提としながら、バジョットとは逆に、主権の本質的な不可分性を強力に主張した論者もいました。バジョットの『自然学と政治学』よりも一〇〇年以上先立って、一七六二年に『社会契約論』を刊行したジャン=ジャック・ルソーです。その中でルソーは、国家が多くの都市を含む場合にも主権は単一であり、それを分割すれば破壊せざるをえないと主張しました(『社会契約論』桑原武夫・前川貞次郎訳、岩波文庫、第三編第一三章「主権はどうして維持されるか」)。しかしルソーは、決して「議論による統治」を否定したわけではありません。ルソーもまた、古代ギリシャや古代ローマの歴史的先例に基づいて、国家を成り立たせる主権の発動として「議論による統治」を根拠づけたのです。ルソーは主権を「一般意志」(Volonté générale)と一体化し、「議論による統治」を、あらゆる「特殊意志」に内在しながら、それらを超越する「一般意志」の支配と同一化したと思われます。何者によっても(ある特定の「特殊意志」もしくはそれらの総和としての「全体意志」によっても)、代替もしくは代表しえない絶対的・普遍的な「一般意志」を体現しているのは、結局「議論による統治」以外にはないのではないでしょうか。ただし、バジョットが「自由国家」を媒介として、より歴史的で曲折に富んだ「議論による統治」の概念を打ち出したのに対して、ルソーは「一般意志」の論理的延長線上に、より哲学的で直線的な「議論による統治」を想定したと見ることができるかもしれません。

「議論による統治」を成り立たせるもの

英国の国家構造は、バジョットのいう「自由国家」の特徴をもっていました。それを体現していたのは、国王の諮問機関、すなわち本来、大封建領主から成る行政機関であった王室評議会から発展した議会でした。それは国家統治(とくに課税)の必要から、貴族ばかりでなく、非貴族諸身分の利益をも代表しうる協議機関へと成長したのです。議会は、英国の多元的な階級構成を反映していました。国王は議会なしには国家を統治する資源(とくに財源)を調達することができなかったし、そのことが少数者の利益をも権利として認めざるをえない「寛容」を前提とする「議論による統治」、そして「同意による統治」を生み出すことになったのです。バジョットはこう述べています。

英国の国家構造の歴史は、……事実において古代の政治体における非貴族的な人民的要素が他の要素と絡み合った複雑な歴史であったが、その人民的要素は時によって弱く、時によって強くあったにせよ、決して死に絶えることはなかった。その力は共通して偉大であるが、変動があり、今やまったく支配的である。この要素の成長の歴史は、英国人民の歴史である。そしてこの国家構造についての議論や国家構造の内部における議論、それについての論争やその真の結果についての論争が主として英国人の政治的知性を可能な限り訓練してきている。(*Physics and Politics*, No. V, The Age of Discussion, pp. 175–176)

つまりバジョットの歴史認識では、「前近代」以来の英国の国家構造をめぐる自由な議論の積み重ねが「議論による統治」を強化してきたのです。バジョットの『英国の国家構造』それ自身が「議論による統治」のための里程標的意味をもつ議論であったといえるでしょう。
　こうしたバジョットの考察は、いかなる国民も一日にして「議論による統治」を生み出すことはできないということを含意しています。政治を動かすだけの質の高い議論は、それに対するさまざまの疑念にさらされ、検証されることによってはじめて形成されます。そして、それはすでに長期にわたって一定のレベル以上の「議論による統治」が機能しているからこそ可能なのです。「議論による統治」を最も重要な指標とするバジョットの「近代」概念が、人間の行動を動機付ける要因として伝統や習慣を重視する理由の一つはここにあります。バジョットは、伝統や慣習から自由な人間の自己利益の認識能力に疑いをもち、それを駆使して把握したと信ずる自己利益を行動の発条とする同時代の功利主義的人間観に与しませんでした。この点は、ルソーが『社会契約論』の中で次のように述べているのと共通する点でもあります。

一般意志は、つねに正しいが、それを導く判断は、つねに啓蒙されているわけではない。一般意志に、対象をあるがままの姿で、時には、一般意志に見えるべき姿で見させ、それが求める正しい路をしめし、個別意志の誘惑からそれを守り、その眼に所と時とをよく見させ、目前のはっきりした利益の魅力とはるかで目に見えぬわざわいの危険とを比較計量させなければならない。個人は、幸福はわかるが、これをしりぞける。公衆は、幸福を欲するが、これをみとめえない。双方ともひとしく、導き手が必要なのである。(同上、第二編第六章)

ルソーの観点からは、「議論による統治」において貫かれる「一般意志」は、バジョットのいう「伝統や慣習」を潜《くぐ》り抜けることによって啓蒙されたものでなければならなかったのです。

西と東の断絶

以上に述べたように、バジョットはヨーロッパで生まれた「議論による統治」について、むしろ「前近代」と「近代」との連続性を強調し、時代を超えたヨーロッパの文明的一体性を意識的無意識的に前提としています。この点に関して、バジョットは世界における西と東との文明的断絶を強調しました。バジョットは、「旧き東の慣習的文明と新しき西の変動的文明との間に現存している最大の対照性」を指摘しています。バジョットの場合、西の文明を代表する英国に対して、これに対峙する東の文明を具現していたのが当時英国によって植民地化されていたインドでした。バジョットは、英国の植民地統治の下にあったインド原住民がこれをどのように受けとめているか(「インド原住民自身は英国がよいことをしていると考えているかどうか」)について、現地で植民地統治の実務を担っている「英国最高の知的能力をもつ官僚たち」が書いたとされる報告の次のような一節を引用しています。

疑いもなく英国政府はインド人に対して多くの大きな利益を与えている。英国政府がインド人に与えているのは、持続的平和、自由貿易、法律に従って好むように生きる権利などである。これらの点で、インド人はこれまでにないほどに満足すべき状態にあるのである。しかしそれでもなお、インド人は英国政府を理解できない。インド人を当惑させるのは、英国政府の不断の変革志向、あるいは英国政府のいう改良志向である。インド人固有の生活は、あらゆる点で古代的慣習によって規制されているので、彼らは常に何か新しいものをもたらす政策を理解することができないのだ。彼らはその政策の根底に彼らを快適にまた幸福にしようとする願望があることを少しも信じない。それどころか、彼らは英国政府が彼らにはわからない何かを目指していること、英国政府が「インド人の宗教を取り去る」ことを意図していること、一言でいえば、これらすべての継続的変革の究極目的は、インド人の現状と願望を否定し、インド人を何か新しいもの、現状とは異なるもの、その願望に反するものにすることであると信じているのである。(op. cit. pp.156–157)

ここで含意されているのは、「旧い東の慣習的文明」から「新しい西の変動的文明」への移行、すなわち「前近代」から「近代」への世界的規模における移行が、西の文明圏による東の文明圏の植民地化を通して行われるという命題です。バジョットもまたこの命題の真実性を信じていました。英国に出現した「議論による統治」を指標とする「近代」概念は、同じく英国が主動力となった植民地化による「近代」概念を含んでいたのです。

こうした東西の文明的対立の図式――西が東を位置づけるオリエンタリズムの図式――が形を変えて、東にあって西に位置づけられることを求める日本が近隣の東の文明圏を植民地化することを正当化する要因となっていきます。日本による植民地化の発端となった日清戦争は、政府当局者や先進的な知識人たちによって東の「野蛮」に対する西の「文明」の対決として意味づけられていました。

日本の伝統に欠けていたもの

このような図式が東に対する西の意識の表現であり、そのイデオロギー性はもちろん明らかですが、しかしそれがまったく客観的意味を欠いた虚偽意識であるとは必ずしもいえません。バジョットが指摘しているように、「議論による統治」の伝統の有無に着目して東と西とを分けることには、それなりの歴史的根拠があるといってもよいのではないでしょうか。

欧米における最もすぐれた日本史家の一人であり、その先駆者的存在であったジョージ・サンソムという英国人歴史家がいます。サンソムは、戦前の日本に外交官として三〇年以上の滞日経験をもつ有数の知日家でしたが、戦後の一九五〇年一二月に東京大学で行った「世界史における日本」と題する一連の連続講義の中で、ヨーロッパ(とくに英国)と日本とを比較し、一六〇〇年以降、主として両者の政治的発展に分岐を生じさせた要因が何であったかについて述べています(『世界史における日本』大窪愿二訳、岩波新書、一九五一年、G. B. Sansom, *Japan in World History*, edited, with notes, by Chūji Miyashita, Kenkyusha, Tokyo, 1965)。サンソムはそれを「自由主義的伝統」(liberal tradition)の有無、とくに議会の発達が作り出した「少数者の権利と意見を尊重する一定の伝統」ひいては「各個人が他の個人の意見や行動の自由をある程度尊重する」伝統の有無に帰着させました。それはバジョットによれば、ヨーロッパの「前近代」が有した「議論による統治」の伝統です。サンソムはそれによって「封建

左よりジョージ・サンソム，南原繁，ヒュー・ボートン．1949年，米国コロンビア大学にて．(Katharine Sansom, *Sir George Sansom and Japan: A Memoir*, The Diplomatic Press, 1972)

制度から中央集権的王政に、中央集権的王政から議会政治への変遷が英国の政治生活に起った」と説明しています。一六世紀から一八世紀にかけて、このような政治的発展は英国のみならず、オランダやフランスのようなヨーロッパ諸国でも進んだのですが、それは同時代の日本には見られなかったのです。

このことはサンソムによれば、当時の日本人に政治能力や政治思想が欠けていたからではありません。逆にサンソムは当時の日本人の秩序形成能力や政治についての深い哲学的関心を高く評価しています。行政技術において日本人は他国民に卓越していましたし、政治哲学の探求においても同様でした。「徳川将軍時代の日本の政治はどこから見ても秩序と規律の奇蹟であって、たまたまそれを目撃した少数の外国人から多くの賞讃を博した」とサンソムは述べています。たしかに徳川支配体制の政治は苛酷な面をもっていましたが、それは同時代の英国の政治についても同様であったとサンソムは見るのです。

しかし、日英の政治には決定的なちがいがありました。英国には自由主義的伝統、とくにその主要な要素である「個人の尊重」の伝統が影響力をもっていたのに対し、日本にはそれはたしかになかったのです。それは、英国が国王権力の維持のために、「議論による統治」の要素を導入する必要があったのに対し、日本の場合には将軍権力の維持のために、そのような手段に訴える必要はなかったことによるところが大きいでしょう。英国の国王権力はさまざまの有力な対抗勢力との緊張関係の中にあり、それらに対する財政上の依存度も大きく、権力を維持するためには、それらの対抗勢力に対する自由、場合によっては個人の自由の付与を代償として、それらとの取引と妥協を可能にする議会政治を回避することができなかったのです。それに対し、将軍権力は幕末の開国期にいたって政策決定過程への「衆議」の導入による何らかの体制変革の必要を認めるにいたるまで、「議論による統治」の発想は芽生えることはありませんでした。

要するに、英国の宗教勢力のような有力な対抗勢力をもたなかった日本の中央集権的支配と、宗教勢力を含む有力な対抗勢力からの不断の挑戦にさらされた英国の中央集権的支配との強度差が、それぞれの「前近代」から「近代」への政治的発展に質的な差異をもたらしたと考えられるのです。

「国民形成」の条件

しかしバジョットは、「前近代」の指標である「慣習の支配」が「近代」の形成にとって大きな歴史的意味をもつことを看過してはいません。バジョットは「慣習の支配」の時代は「近代」への「予備的」時代であり、自由と創造性は抑圧されたが、反面で国民国家の基礎をつくった「国民形成」の時代であったと見ました。そこでは法化した強力な慣習の下で、模倣と排除を通して地域集団の成員の同一性(「国民性」)が形成されました。慣習を規範化する政治的実力をもつ集団内部において、非同調者の追放、同調者への保護と報償が行われ、非同調者は減じ、同調者は増していく。その過程で大部分の成員の相互模倣によって、一貫した共通の性格が成員間に形成される。バジョットによれば、「スパルタ人の国民性が形成されたのは、スパルタ的精神構造をもたない者はスパルタの生活に耐えられないからである。」いいかえれば、法化された固定的な慣習によって拘束されることなしには、地域集団は真の民族となることはできません。また民族を存続させるものは、民族的同一性を保証するような慣習規範の固定性であるのです。

バジョットによれば、このような民族形成の主要原因を促成する条件は、対外的な「孤立」でした。バジョットは次のように説明しています。

事実の問題として、すべての偉大な民族は自ら、他に知られることなくその登場を準備する。それらの民族はすべての外的刺激から遠く離れたところに成立する。ギリシャ、ローマ、ユダヤは各々それ自身によってつくられた。そして各々の異人種・異言語集団に対する反感は彼らの最も顕著な特徴の一つであり、彼らの最も強力な共通の特性である。……

> そこで外国人との交流は、諸国においてそれらの固有の国民性を形成してきた固定的諸規範を破壊した。そしてそれが精神組織を弱める原因となり、散漫で不安定な行動の原因となったのである。不信仰が公認されると、宗教的慣習のもつ拘束力ある権威の破壊や社会的紐帯の断絶が現実に表れるのである。(*Physics and Politics*, No. VI, Verifiable Progress Politically Considered, p. 214)

この点は、日本の場合に最もよく妥当するといえるでしょう。政策的・戦略的な「孤立」の中で「国民形成」が進行し、「孤立」路線の放棄が体制原理としての「慣習の支配」の破壊をもたらしたからです。

「慣習の支配」の下で進められる「国民形成」は、人間の進歩のために必要な複数の人間の協力を生み出します。集団の成員間の内発的な協力の条件が成員の相似性だからです。民族や部族の重要な役割はそこにあります。バジョットによれば、それらは「世襲の協力的集団」(hereditary co-operative group)でした。

「近代」の歴史的意味

このように慣習が支配する「荒涼たる単調な長い時代」は、人類にとって決して失われた時代ではありませんでした。秩序の端緒を開き、国家の基礎をすえるにはそれが必要だったのです。しかし、かつて世界を改良するためにもちこまれた慣習の軛《くびき》は、人類の進歩を妨げるにいたります。「慣習の支配」によって人類の自由は拘束され、独創性は停滞します。そのような世界を終わらせ、人類を「慣習の支配」から解放することが「近代」の歴史的意味でした。バジョットはそれを「議論による統治」の確立という命題に集約したのです。

バジョットによれば、ある主題を議論に委ねる目的をもって議論に付することは、それだけでその主題は決して既成の規範によっては解決されないということを容認することです。そのことは社会集団が従うべき神聖な権威の不在を容認することを意味します。単一または複数の主題が一旦議論に付されるならば、まもなく議論は習慣化され、既成の慣習の神聖な呪力は解体されるにいたるのです。バジョットは次のように言います。

近代においていわれているのは、「デモクラシーは墓のようなものであって、取るのみで、与えることはない」ということであるが、同じことは「議論」についても真実である。ある主題がいったん実際に議論に委ねられるならば、取り返しはつかない。それは再び神秘をもって装うことはできず、神聖な区画に封じこめることもできない。それは永久に自由

な選択に開かれており、神聖を汚す討議にさらされている。(op. cit. p. 161)

バジョットは目的―手段の連鎖が複雑化した近代社会において正しく行動するためには、多くの時間を要すると考えます。「私がいわんとしたのは、多くの時間を「日の当たる場所で寝そべること」、長い期間にわたる「単なる受動性」である」(op. cit. p. 188) と述べています。バジョットは物理学をはじめとする近代自然科学の台頭が「同時代人が夢想者と考えた人々、同時代人の関心を引かないことに注目していたために嘲笑された人々、諺にいう「星を見ながら井戸に落ちた人々」、無用だと信じられた人々がもたらしたものである」(op. cit. p. 187) と指摘します。そしてそのような創造的な「受動性」を、「単なる行動愛」の表われである過剰活動や即時行動と対比し、「議論による統治」の形成に重要な役割を果たすものと考えるのです。なぜならば、それは性急な行動を妨げ、入念な考慮を行うという「議論による統治」の目的に奉仕するからです。

「複雑な時代」の受動性

しかもそれは「議論による統治」の下での議論の蓄積によって醸成されるのです。バジョットは「単純な時代」であった「前近代」に代わる「複雑な時代」の「近代」にとっては、英国史上でいえばクロムウェルのような絶対的なリーダーの即断による迅速な行動ではなく、結論を導き出すための長時間にわたる議論を許容する多数で多様な人々の「受動性」をより重要なものと考えています。バジョットにとって、「議論による統治」が複雑系としての「近代」に最も適合する政治形態である所以はここにあるのです。

「議論による統治」に対しては、同時代の英国人の中に辛辣な批判がありました。これら批判者たちは、「議論による統治」が台頭する同時代を「委員会の時代」(an age of committees)などと形容しました。彼らは「委員会」は何もしない、すべてはおしゃべりの中に蒸発する、というような毒舌によって「議論による統治」を嘲笑したのです。彼らの最大の敵はもちろん「議会政治」で、バジョットは歴史家カーライルがこれを「国民的おしゃべり」(national palaver)と名づけた例を挙げています。また、「会戦は「弁論部」(debating society)が指揮することはできない」という同時代の著名な政治家・著述家マコーレーが吐いた警句の適切さを認めます。「そして他の多くの種類の行動もまた、単独の絶対的な将軍を必要とする」とバジョットは述べるのです。

しかしバジョットによれば、「近代」はもはや「クロムウェルのような人物によって英国が再び統治されるような時代」ではなく、「熱烈にして絶対的な一人の人間が、他の複数の熱烈な人たちの欲することを行い、それを直ちに行いうる時代」でもありません。「今や委員会や議会だけでなく、誰もが迅速な決定力をもって行動することはないのだ」とバジョットは言います。しかもバジョットは、そのような時代の傾向が事実に根拠をもつ真実であることを希望します。「というのは、私にいわせれば、それは前近代の遺伝的な野蛮的衝動が朽ち果て、死滅しつつあることを証明しているからだ。」つまりバジョットによれば、「近代」の標識である「議論による統治」は、「前近代」を特徴づける衝動的な行動至上主義を克服した結果でもあるからなのです。それによって「近代」においては政治の形態が変容し、行動よりも思考(熟慮)が重要となり、その意味では、性急な能動性よりも、静謐な受動性がより多くの価値をもつようになるのです。近年しばしば唱えられるようになった「熟議デモクラシー」(deliberative democracy)もまた、結局そこに由来すると思われます。

近代における情動の激発

「慣習の支配」とその下で固定化された身分構造が打破されると、家族を基本要素とする身分から解放された個人の自由とそれにもとづく選択の領域が拡大します。「身分」の時代から「選択」の時代への変化です。バジョットがその歴史観の形成に大きな影響を受けた同時代の歴史家ヘンリー・S・メインは、よく知られているように、この歴史的変化を「身分から契約への移行」と要約しました。

このように図式化された近代化は、それに伴って固定された「慣習の支配」によって抑えられてきた前近代の深層に伏在する情動を噴出させます。それは議論を許さず、ひたすら迅速な行動へと駆り立てる原始社会への突然の回帰です。バジョットはこれを「先祖帰り」(atavism)と呼びました。バジョットの理解では、フランス大革命において発生した残酷と恐怖の場面は、人間性の隠され、抑えられていた側面を表出させたものであり、旧体制の抑圧が破局によって取り除かれ、突然に選択の自由が与えられた時、秩序と自由との間隙を縫《ぬ》って浮上したものでした。しかしこのような「人類の過剰な情動の激発」は単に「原始社会の野蛮な性格」の再現として説明することはできません。「フランス人やアイルランド人のような高度に発達した人種でさえも、窮地においてはほとんど安定的ではないように思われる。彼らも瞬間の激情や現下の観念の決定に従って、どこにでも運び去られるようだ」とバジョットは述べています。

「議論による統治」の条件

「慣習の支配」から国民性が解放され、自由と選択の機会が増大していく状況の中で、それに適合した秩序を形成できる統治とはどういうものか。これがバジョットの問題でした。バジョットにとって「近代」の課題とは、自由と秩序との両立であり、バジョットの「近代」概念はその課題の解決を志向するものでした。そのような目的意識から、「近代」概念の中核に据えられたのが「議論による統治」だったわけです。それは「前近代」の中に胚胎し、発展しながら、「前近代」の支配原理であった「慣習の支配」に代って、「近代」の支配原理として「前近代」から継承され、確立されるべきものでした。

バジョットによれば、「慣習の支配」が打破され、「身分」の時代から「選択」の時代への変化、すなわち近代化が最初に成し遂げられたのは、政治形態が大幅に、そして時とともに「議論による統治」に近づいていった国々です。「いかなる国家も議論による統治をもたなければ、一流たりえない」というのがバジョットの確信でした。それは共通の行動や共通の利益についての共通の議論が変化と進歩の根源になっている国家でした。そして、そこでの議論の主題は具体的な政策論よりも、むしろ抽象的な原則論であるべきでした。「議論による統治」の力は、議論の対象の大きさによるからです。バジョットによれば、具体的な政策論は言語の活性を増大させ、弁舌の才を強化し、聴者の信頼を呼び起こす態度や表情をつくる能力を発達させはするものの、それは「思弁的知性を呼び起こすことなく、思弁的教説を論ずるにいたらしめず、古代の諸原則に疑問を提起するにもいたらしめない。」逆にいえば、「議論による統治」の下での自由な議論は単に政治的自由のみならず、知的自由や芸術的自由の拡大をもたらします。

バジョットはエリザベス朝時代以後の英国史上の文芸、哲学、建築、物理学等の成果の中にも「議論の力」を読み取るべきだと主張します。「近代」における宗教の影響力もまた、議論の影響力と結びついているというのがバジョットの見解です。
このように、「議論による統治」は政治以外の諸領域にも波及する影響力を持ちますが、それを担う人間の資質をバジョットは「活性化された穏健性」(animated moderateness)と名づけました。そしてその顕現を文学的天才の文章に見出しているのです。バジョットはホーマー(ホメロス)、シェークスピア、さらにウォルター・スコットを例に挙げて、彼らの文章に現われた「活性化された穏健性」について次のように書いています。

天才であり、偉人でもある人間の著作を他のものから区別するものは何かと尋ねられれば、同じことば、「活性化された穏健性」が使われるであろう。そのような著作は決して緩慢ではなく、決して過剰ではなく、決して誇張されてもいない。それらの著作は常に判断力に満ちあふれているが、しかしその判断力は鈍いものではない。それらは野性的な作者をつくり上げている活力をもっているが、それらの文章のあらゆる一行一行は正常にして穏健な作者のつくり出したものである。(op. cit. pp. 200–201)

そこにバジョットは「生命力と均斉、活性と適正との結合」を見出します。それが文芸の領域に現われた「議論による統治」を担う資質なのです。それはバジョットによれば、「前進する豊富なエネルギーをもっているが、どこで止まるべきかを知っている」英国人一般が共有している資質であり、バジョットは「拍車と手綱との結びつき」を世界における英国の「成功」(英国の「近代化」)を説明する根拠としているのです。

近代化の二つの推進力

このように英国の近代化の主要な推進力は、「議論による統治」とそれを担った国民性にあるとバジョットは説明しました。英国史を主要な素材として構成されたバジョットの「近代」概念が「議論による統治」を主導概念としたのは当然でした。しかし「前近代」の「慣習の支配」を変革する役割を担ったのは、「議論による統治」だけではないというのがバジョットの見解でした。バジョットは次の二つの要因を指摘しています。

こうした膨大な結果をもたらしたのは議論の影響力だけではないというのは真実だ。古代においても近代においても、他の力が議論の影響力に協力した。たとえば貿易は明らかに異なった慣習や異なった信念をもっている人々を密接な近隣関係に置くのに多大な貢献をした。そしてこれらの人々すべての慣習や信念を変えるのを助けた。植民地化はもう一つのそのような影響力である。植民地化は人々を異質の人種であり、異質の慣習をもつ原住民の間に定住させる。それは一般に植民者たちを彼ら自身の文化的要素の選択に過度に厳格にしないようにさせる。植民者たちは現地の有用な集団や有用な人々と共生し、それらの文化的要素を「採択」せざるをえない。原地民の祖先の慣習は植民者自身のそれと一致していないかもしれないにもかかわらず、否、事実において正反対であるかもしれないにもかかわらず。(op. cit. p. 177)

このように、バジョットはもっぱら「貿易」と「植民地化」を「慣習の支配」の変革要因として、その限りでの「議論による統治」、すなわち近代化の促進要因として注目しています。しかし同時代の英国の「貿易」には、後年の英国の経済史家が「自由貿易帝国主義」と呼んだような側面があります。すなわちそれは、後進国に対する不平等な通商条約を通して、相手国側に関税や領事裁判権などの不利な通商条件を課し、自由貿易の拡大による不当な収益を追求する方法です。またバジョットが強調した「植民地化」に伴う文化変容は、植民者が原住民の文化を尊重したことの結果ではなく、植民地帝国による政治的軍事的経済的支配の結果であったことは厳然たる事実です。

しかしそれにもかかわらず、一九世紀後半に提示された英国を中心とするヨーロッパについてのバジョットの「近代」概念は、まさにそれをモデルとして同時代に発進し、進行した日本の「近代」形成の特質を考えるために意味のあるものだと考えます。

本書の課題

本書は、政治と経済との関係を重視しながら、日本近代において国民国家を成り立たせる政治的求心力の形成が誰によって、なぜ、そしていかに行われたかに注目します。これまで見てきた『自然学と政治学』において提示されたバジョットの「近代」概念に照らして、日本の「近代」の特質を明らかにすることを試みるものです。バジョットの「近代」概念は、「議論による統治」を中心概念とし、「貿易」および「植民地化」を系概念とするものでした。これを通して、東アジアにおいては最初で独自の「議論による統治」を創出し、また東アジアにおいては最初で独自の「資本主義」を構築し、さらに東アジアにおける最初の(そしておそらく最後の)植民地帝国を出現させた日本の「近代」の意味を、以下の各章では問うていきます。

第一章では、日本における「議論による統治」としての議会制とその下での政党政治がなぜ、どのように成立したのかを見ていきます。そこでは、まさに幕藩体制下の「慣習の支配」の崩壊に胚胎した「公議輿論《こうぎよろん》」の要請に対応し、出現した議会制と明治憲法下の厳格な権力分立制の中から、なぜ、いかにして東アジアでは例外的な複数政党制が成立したのかという問題を取り上げます。この問題は、日本の政治的近代にとって、最も本質的な重要問題として考察されるべき問題でありながら、従来それにふさわしい考察が行われなかった問題です。

第二章では、バジョットが「議論による統治」の成立を画期とする近代化の推進力の一つとして考えた「貿易」の問題を、より広く日本においてなぜ資本主義が形成されたのかという問題として考察したいと思います。これは、日本近代の自立的な経済的枠組の形成の問題です。

第三章では、バジョットが英国にとっての、もう一つの近代化の推進力として見た「植民地化」について、日本ではなぜ、いかにしてそれが行われたのかを考えます。それは、日本近代の外延的拡大の結果としての帝国的枠組の形成の問題です。

第四章では、バジョットの「近代」概念の中には、ほとんど登場してこなかった君主制の問題を、日本の近代の問題として取り上げます。すなわち日本の近代において、天皇制とは何であったかという問題です。天皇制は、日本近代にとって政治的枠組の問題であるのみならず、それ以上に精神的枠組の問題でもあったということが重要だと思います。

以下本論として、第一章から第四章までのそれぞれの章において、以上に立てたような問題について歴史的考察を行いながら、現在の日本が置かれている歴史的位置の確認を含めた日本近代についての総合的考察を試みていきます。バジョットが例示したヨーロッパにおける「近代」概念に照らして、ヨーロッパ化の一つの実験的結果である日本近代についてのさまざまな問題史的考察を通じて、日本近代の概念的把握の手掛かりを見出すのが、本書の課題であります。

第一章　なぜ日本に政党政治が成立したのか

1　政党政治成立をめぐる問い

政党政治崩壊の原因という問い

敗戦後から一九六〇年代前半にかけて、日本の政党政治の研究者たちにとって主要な問題は、なぜ明治憲法下の日本では政党政治が短命に終わったのかという問題でした。戦前の政党政治は、大正後半期から昭和初頭にかけての約八年間、つまり、一九二四(大正一三)年の衆議院総選挙の結果に基づいて衆院多数派三派連立内閣である加藤高明《かとうたかあき》内閣が成立してから、一九三二(昭和七)年の五・一五事件によって犬養《いぬかい》毅《つよし》政友会内閣が崩壊するにいたるまでの約八年間に展開しました。

特に日本の敗戦当時は、ナチズムの攻勢によって崩壊したドイツのワイマール共和国の歴史と比べて、日本の政党政治が崩壊した原因は何であったかという問題意識が支配的でした。たとえば、岡義武《おかよしたけ》の名著『独逸デモクラシーの悲劇』(弘文堂アテネ文庫、一九四九年/文春学藝ライブラリー、二〇一五年復刊)はそういう問題意識によって書かれたものです。「今日のわれわれにとっての課題は、曽《か》つての日のドイツに起った民主政のこの不幸なる実験に心を動かすことよりも、それについて考えることであろう」という巻末の一文には、そのような問題意識が滲《にじ》み出ています。

この問題は今日においても、あるいは今日においてこそ、非常に重要だと思いますが、そういう問題を究明するためにも、まずそれに先立って、そもそもなぜ日本に複数政党制が成立したのかという問題を取り上げることが必要だと考えます。

政党政治成立の理由という問い

複数政党制の成立と発展は、世界的に見ても決して一般的な現象とはいえません。近代の東アジアにおいても、中国や朝鮮王朝下の韓国の事例に明らかなように、複数政党制はむしろ例外的でした。なぜそれが日本において初めて成立したのか。特に反政党内閣的であるといわれた明治憲法の下で、なぜ現実に政党内閣が成立したのか。この問題は非常に重要です。

さらにこのことは、なぜ日本に立憲主義が導入されたのかという問題にさかのぼって考えるべきでしょう。ここでいう立憲主義とは、近代憲法の実質を成す議会制、人権の保障、権力分立制のような政治権力の恣意的行使を抑止しうる制度的保障に基づく政治原理を意味しています。その点では、明治憲法もまた、程度の差はあれ、近代憲法に共通する実質を備えており、それに基づく立憲主義の根拠となっていました。現に明治憲法下においては、大正初頭に反政府運動として護憲運動が起こり、その正当性を理由付けていたのが、「宮中」と「府中」(政府)の別の遵守という意味での権力分立制の擁護を主張する立憲主義でした。当時政府批判のスローガンとして「非立憲」が叫ばれた所以です。その意味では、「立憲主義」は明治憲法下の体制原理であったのです。しかし明治憲法下の立憲主義が、直ちに政党政治に結びついたわけではありません。明治憲法下の立憲主義と、その後に成立した複数政党制との関連、論理的そして歴史的な関連はどうなのかという問題を考えることは、現在および将来の日本の政党政治にとっても重要ではないかと考えます。

二〇世紀初頭からワイマール共和国の初期の時代まで、その稀有な学問的生涯を生き、ワイマール共和国の政党政治の現実に対しても、名著『職業としての政治』(一九一九年)に結実する厳しい批判を重ねたドイツの社会学者マックス・ウェーバーは、なぜヨーロッパにおいて、あるいはヨーロッパにおいてのみ資本主義が形成されたのかという問題意識を持ち、それについて、一つの透徹した洞察を提示しました。『プロテスタンティズムの倫理と資本主義の精神』(一九〇五年)です。同じような問題を日本において形成された政党政治について立ててみることと、そしてそれを考察することが、日本の近代の意味を明らかにする上で必要ではないでしょうか。

日本の立憲主義をめぐる問い

政党政治の成立について探るためには、その前提となった日本における立憲主義とはいかなるものであったのかを、次の二つの側面から考える必要があります。第一は権力分立制をめぐる問題、第二は議会制をめぐる問題です。

第一は、日本になぜ権力分立制が導入されたのか、また、それは明治憲法下の政治をどのように特徴づけたのかという問題です。かつて現実の政治問題として、しばしば言及されたいわゆる衆参両院のねじれ現象といわれるものも、実は明治憲法下の政治においても見られたものです。当時の貴衆両院にはやはり恒常的にねじれ現象がありました。それが明治憲法下の日本の政治の不安定要因の一つでした。そして、そういう貴衆両院の恒常的なねじれ現象をもたらした一つの重要な要因として、貴衆両院の対等、というよりも貴族院の実質的優位の下での二院制という形で貫かれた明治憲法下の権力分立制があったということがいえるのではないかと思われます。要するに明治憲法下の貴衆両院制は、米国の上下両院制にも見られる体制原理としての権力分立制の現れであったのです。現行憲法の制定過程で日本側は、むしろ占領国側に抗して、貴族院の温存につながる二院制の確保に努めたのです。その意味で現行憲法下の権力分立制には、明らかに明治憲法下の権力分立制につながる要因があるといえます。

第二に取り上げるのは、日本になぜ議会制が成立したのかという問題です。明治憲法下の議会制についてはいろいろな評価がありますが、たとえば福沢諭吉は明治憲法下の議会制を本質的に重要なものとして位置づけました。

今から半世紀近く前、著者は、日本における政治哲学および戦後日本の教育体制の基礎を造った当時最長老の政治学者南原繁《なんばらしげる》と対話する機会がありました。その時、南原が著者に問いを発し、福沢諭吉のような人がなぜ明治憲法に対して批判的でなかったのか、自分はかねてから非常に不思議に思っていると語ったことを思い出します。南原の生年の一八八九(明治二二)年は、ちょうど明治憲法発布の年でした。

南原の学問上の師は、政治学者で昭和初期の東大総長であった小野塚喜平次《おのづかきへいじ》です。彼は、明治憲法発布当時、それに先立って自由民権運動や福沢諭吉の思想的影響を受けた第一高等中学校(旧制第一高等学校の前身)の生徒でしたが、発布された憲法の内容に失望し、その三カ月余り前に米国のフィラデルフィアで客死した、かつての自由民権運動の理論的リーダー馬場辰猪《ばばたつい》の墓に詣でたと自ら語っています(「岡義武先生談話筆記」一九七八年一〇月九日、『岡義武ロンドン日記　一九三六〜一九三七』岩波書店、所収)。

馬場辰猪もまた、福沢諭吉の薫陶と激励を受け、その進路を決定した一人でした。後に福沢自身、現在も谷中《やなか》墓地にある馬場の墓前で一八九六(明治二九)年に行われた八周年祭に出席しています。しかし、明治憲法が定めた議会制に対する当時の福沢諭吉その人の受けとめ方を見ると、福沢諭吉が明治憲法の出現をそれなりに高く評価していたことは否定できません。

当時福沢諭吉が主宰していた『時事新報』の社説に福沢自身が書いているところによれば、彼は特に国会の開設が日本の立憲政治にとって非常に重要だという見解を示しています。国会開設はすなわち立憲政治であって言論の自由はその政治の本色であり、日本の国会はいやしくも帝室(皇室)の尊厳を侵さない限り、いかなることを議し、いかなることを論ずるも自由自在であって、毫《ごう》も言論の自由は制限されないと指摘しているのです。議会制の確立によって、日本においても言論の自由に基づく政治、つまり序章で見た、ウォルター・バジョットのいう「議論による統治」の基礎が造られた。そのように福沢諭吉は受けとめていたのです。

明治憲法が実際に施行されたのは、一八九〇(明治二三)年一一月二五日にはじめて帝国議会が召集され、一一月二九日に帝国議会の第一回開院式が行われたのと同時でした。その事実から見ても、明治憲法における議会制は、立法者の意思として明治憲法の本質的な部分として位置づけられていたということがいえるでしょう。

以上の二つの問題の意味を念頭におきながら、この章では、明治憲法下の権力分立制と議会制から、なぜ複数政党制が成立したのかという問題を考えてみます。いうまでもなく権力分立制および議会制と複数政党制との間には距離がある。複数政党制は権力分立制や議会制の必然的所産とはいえませんから、この問題について考えることが必要なのです。

2　幕藩体制の権力抑制均衡メカニズム

明治国家のアンシャン・レジーム

なぜ日本に立憲主義が導入されたかを考える場合に、日本においてもそれなりの立憲主義を受け入れることを可能にした日本特有の歴史的条件があったと考えるべきでしょう。もっと具体的にいえば、明治国家にとってのアンシャン・レジーム、旧体制である幕藩体制の中に、それなりに明治国家体制の枠組としての立憲主義を受け入れる条件が準備されていたと考えるべきです。

一九世紀のフランスの突出した思想家であり、また政治家でもあったアレクシス・ド・トクヴィルは、『旧体制と大革命』(一八五六年)というすぐれた洞察に満ちた著作を遺しています。この本でトクヴィルは、フランス大革命の後に出現した体制は実はアンシャン・レジームの内的な発展の中で準備されたという見解を明らかにしています。旧体制と大革命、日本の文脈でいえば幕藩体制と明治維新、もちろんそれらの間に断絶があることはいうまでもありませんが、その断絶のほかに何かそこに連続・発展を確認し得るような要因はないかということをトクヴィルに倣《なら》って考えてみるべきです。

合議制による権力の抑制均衡

まず幕藩体制の政治的な特質として、一種の権力の相互的抑制均衡のメカニズムというべきものがそれなりに備わっており、それが明治維新後の新しい体制を準備していく非常に重要な要因になったことに注目すべきです。

具体的にいえば、幕藩体制には政策決定のための重要な制度として合議制というべきものがありました。幕府の政策決定に携わる老中は四人ないし五人、若年寄は三人ないし五人、大目付は四人、目付は一〇人から三〇人、寺社奉行は三人から五人、町奉行は二人、勘定奉行は四人ないし五人が、それぞれの役職を共同して担当していたのです。これらの同一の役職を担当する複数の要員が幕府の政策決定のための合議制を実際に運営していました。

なぜ、この合議制というべきものが幕藩体制の中で準備されたのか。その理由は、おそらく将軍を補佐する特定の人格、または特定機関やそれを拠点とする特定勢力への権力の集中を抑えるためだったと考えられます。さらにこの合議制は、月番制、つまり勤務が一カ月ごとの短期のローテーションによって行われる制度と重なっていました。すなわち合議制および月番制によって権力の集中が抑制される仕組が幕府の政治的特質としてあったのです。一種の権力の相互的抑制均衡のメカニズムがあったというべきでしょう。

合議制については、マックス・ウェーバーが大著『経済と社会』の一節の中で、一つの注目すべき見解を出しています。ウェーバーによると、合議制というのは行政任務の専門化が進行して、専門家が不可欠となってくるような状況において、支配者が専門家を利用しつつ、しかも専門家の優勢がますます増大していくという傾向に対応して、自己の支配者としての立場を守ろうとする目的意識に適合した典型的な形式です。つまり、支配者は合議制によって、それに参与する専門家たちを相互に競わせ、それを通じて彼らをコントロールする。そして、支配者自身が特定の専門家たる個人の独占的な影響によって恣意的な決定を行うことがないようにしようとする。このように制度の目的が説明されるのです。

ウェーバーによれば、こういう意味の合議制は成立期の絶対君主制に典型的な制度です。まさに幕府の初期に成立した合議制というのはそういうものであったのではないかと考えられます。行政の没主観性を確保するために最も有効な手段が合議制です。幕府の初期に成立した合議制もまた、幕府の全国的支配の確立に伴う行政の専門化や予想される専門家支配へのそれなりの対応であったのです。そして合議制は、専門化していく行政に対して将軍のリーダーシップを確保することを目的とする、状況の変化に応じた一種の権力の合理化と見ることもできるのではないかと考えられます。

幕藩体制下の権力の分散

幕藩体制における権力の抑制均衡のメカニズムとして注目すべきものとして、第二に挙げられるのが、権力の分散です。身分とか地位とかいった名目的な権力と実質的な権力とが制度的に分離されていたということです。

実はこの点を高く評価していたのが福沢諭吉でした。もちろんよく知られているように、福沢諭吉は幕藩体制のイデオロギー、とりわけ儒教に対してもっともラディカルな批判者でした。特にそれによって正当化された身分的社会秩序に対しては厳しい否定的態度を示しています。しかし、福沢は幕藩体制の持つ政治的特質、特に権力の分散が制度化されていたという点については、明治国家の立憲主義につながる非常に重要な要素であるということを指摘しているのです。

福沢諭吉

先に言及した福沢の論説、すなわち帝国議会が開設された一八九〇(明治二三)年一二月一〇日から二三日にかけて公表された論説(「国会の前途」『時事新報』社説)の中で、この点を福沢は非常に強調して書いています。「王政維新に次で僅《わずか》に二十三年の今日、国会の開設を見るに至りしは、其素《そのそ》因《いん》久しくして特に徳川の治世に在《あ》りと云《い》はざるを得ず。」

あれだけ厳しく幕藩体制のイデオロギーを批判した福沢が、幕府の実際の政治についてはそれなりの高い評価をしている。しかもそれが明治国家の政治の枠組につながる、立憲主義につながる、あるいは議会制につながる素因を持っていたということを指摘しているのです。

そこで福沢はいろいろな例を挙げていますが、「将軍の権力も朝廷の為《た》めに平均せられて円満なるを得ず」と指摘します。これはいわゆる権力と権威とが分離していたということです。さらに「これを第一の平均として、是《これ》より諸侯と公卿《くぎょう》との釣合《つりあい》を見れば、公卿は位高くして禄《ろく》少なく、諸侯は禄豊にして位卑《いや》し。……徳川にては小臣執権の制を定めて将軍の同族は勿論《もちろん》、都《かっ》て大諸侯の一類は幕政に参るを許さず。」「老中は政権を以《もっ》て大諸侯を御《ぎょ》すること大人の小児に於《お》けるが如《ごと》くなれども、家の実力身分の一点に至りては遥《はるか》に下流に位して之《これ》に近づかんとするの念慮《ねんりょ》もある可《べか》らず。」「双方《そうほう》共に強きが如く又弱きが如く」すなわち老中は一方で強いように見えるけれども、実際はコントロールする大諸侯に対して非常に弱い面がある。また「愉快なるが如く又不愉快なるが如く」一方で老中は権力の快感を味わうかと思うと、しかし実際は他方でそれを減殺するようなメカニズムが働いている。「中央の命令常に能《よ》く行はれて執政者の跋扈《ばっこ》したることとなし。」すなわち中央の命令は非常によく行われていたのだけれども、しかし、それを実際に行使する執政者が跋扈したということは実は幕藩体制においてはなかった。体制全体として見れば、権力の配分は「平均の妙を得たるものと云ふ可《べ》し。」これが幕藩体制権力の実際についての福沢諭吉の評価であったのです。

以上のような権力配分の原則は細部にまで及びます。少し長くなりますが、次のようにいっています。

諸侯を制御するの法も亦《また》彼の権力平均対峙競争の政策より外《ほか》ならず。……藩々相互に睥睨《へいげい》して相互に動くを得ず。……又内に自家の政務を処するにも権力平均の旨《むね》を失はず。例へば幕政最上の権は老中の手に握り、参政の若年寄と雖《いえど》も容易に喙《くちばし》を容《い》るゝを許さず。然《しか》るに目付なる者は、老中に属せずして、若年寄の支配下に在りながら老中を弾劾するの権を有し、……又目付の支配下に徒目付《かちめつけ》、其下に小人目付《こびとめつけ》あり。小人目付は常に徒目付に随従して事を執《と》る小吏なれども、此《こ》の小吏には時として上役の徒目付を差置《さしお》き直《じか》に目付に面して事を具申し、又徒目付を弾劾するの権あり。又地方に派出する代官又は町奉行附属の与《よ》力同心《りきどうしん》等は、内々の収入多くして身分不相応の生活を為《な》す者なれども、官吏社会にて等級甚だ低く体面甚だ卑しく、何万石を支配する代官にても江戸に来れば顔色なく、勘定奉行などへ拝謁する其状は恰《あたか》も君臣の如し。与力同心も大番組書院番組と称し、武官に属する者は何らの役得もなくして生計常に寒しと雖《いえど》も、其《その》地位は遥に町方の上流に位して自から得々たる可《べ》し。凡《およ》そ幕府の政務組織に付き此《この》種の細件を計れば、枚挙に遑《いとま》あらず。いよいよ之《これ》を詳《つまびらか》にしていよいよ平均主義の緻密周到なるを見るのみ。

「権力平均の一事は数百年来日本国人の脳中に徹し又遺伝に存し」、つまり権力を平均化するメカニズムは日本人の一種のDNAになっており、「政治社会に円満の得意なきを知らざる者なし」というのが福沢の理解でした。

福沢諭吉の儒教イデオロギー批判と、幕藩体制の実際の政治のメカニズムについての評価とは区別して考える必要があるということがいえるのではないでしょうか。

相互監視の体制

以上に指摘した幕藩体制の合議制と権力分散のメカニズムとに伴って、非常に精密な相互的監視機能というべきものが幕藩体制の中には作動していました。これについて非常に驚いたのは、幕末に日本に滞在したヨーロッパ諸国の出先機関の責任者です。たとえば、初代英国公使のラザフォード・オルコックは、有名な回想録『大君の都』(一八六三年)において、この点に注目し、次のように書いています。幕藩体制においては「どの役職も二重になっている。各人がお互いに見張り役であり、見張っている。全行政機構が複数制（つまり合議制）であるばかりでなく、完全に是認されたマキアヴェリズムの原則に基づいて、人を牽制し、また反対に牽制されるという制度の最も入念な体制が当地では細かな点についても、精密かつ完全に発達している」と指摘しているのです。

これは相互不信の制度化です。あたかもジョージ・オーウェルが一九四九年に刊行した『一九八四年』という小説に出てくるグロテスクな逆ユートピア体制と非常に共通する面を持っていたともいえるでしょう。将軍ですらも、相互監視の対象であることを免れませんでした。将軍の寝所には将軍と寝所を共にする女性以外の第三の女性が入り、そこでの将軍の会話を逐一聴取することが公然の慣習とされていました。このことは、「一九八四年」体制と共通する、あるいはそれをも超える究極の相互監視機能が働いていたというべきでしょう。幕藩体制においては、将軍もまた自由な人格ではなかったのです。

以上に見たような幕藩体制という旧体制、アンシャン・レジームの中に潜んでいた、権力の抑制均衡のメカニズムがどういう形で具体的に明治国家体制につながったのかということについては、別に実証的な研究が必要です。少なくともそういう素因が幕藩体制の中にあり、またそういう素因が明治国家体制につながっているという見解を、日本の近代を先導した福沢諭吉などが持っていたということは注目すべきだと思います。

3 「文芸的公共性」の成立——森鷗外の「史伝」の意味

政治的公共性と文芸的公共性

それでは具体的に明治国家の権力分立制と議会制につながるような観念が、いつ、どのようにして浮上してきたのでしょうか。これについては、幕末の危機的な政治状況に対応する政治戦略の一環として、権力分立制と議会制の観念が浮上してきたということが恐らくいえるのではないかと思います。

そこでまずそれらの観念を準備する母胎となり、またそれらの観念を具体的な制度として定着させる基盤となった政治的なコミュニケーションのネットワークが、幕藩体制の中でいかに形成されたのかを考えてみます。いいかえれば、政治的なコミュニケーションを成り立たせる国民的な政治的公共性の概念がいつ、いかにして形成されたのかということです。もしそういうものがなければ、政治的なコミュニケーションは行われず、政治的なコミュニケーションが行われなければ、国民国家のような政治的コミュニティは成立しないからです。しかも政治的なコミュニケーションのネットワークは無前提には成立しません。その前提となるのは、政治的なコミュニケーションとは表見的には無関係な、非政治的なコミュニケーションのネットワークなのです。

ドイツの社会学者ユルゲン・ハーバーマスは、『公共性の構造転換』という著作の中で、ヨーロッパにおける「市民的公共性」の成立を論じ、「公権力の公共性の傘の下で非政治的形態の公共性が形成される。これが政治的機能をもつ公共性の前駆をなす文芸的公共性なのである」と指摘しています。「文芸的公共性」とは、一七世紀後半から一八世紀にかけて、フランスやイギリスにおいて、文芸作品等をコミュニケーションの媒体として、共にこれを享受し、議論することによって成立した「市民的な読書する公衆」を基盤とする「公共性」です。ハーバーマスは「政治的公共性は文芸的公共性の中から姿を現わしてくる」と説明しているのです。

ヨーロッパにおける「政治的公共性」の前駆としての「文芸的公共性」は、日本についてもそれに相当する機能を担った歴史的実体が存在したことを指摘できるでしょう。日本では、一八世紀末の寛政期以降、幕府の官学昌平黌《しょうへいこう》が幕臣のみならず、諸藩の陪臣や庶民にも開放されるとともに、全国の藩に採用された昌平黌出身者を中心として横断的な知識人層が形成されました。彼ら相互間に儒教のみならず、文学、医学等を含めた広い意味の学芸を媒介とする自由なコミュニケーションのネットワークが成立したのです。それは非政治的な、ある種の公共性の概念を共有するコミュニケーションのネットワークでした。それは当時「社中《しゃちゅう》」とよばれた、さまざまの地域的な知的共同体を結実させ、それら相互のコミュニケーションを発展させていったのです。

鷗外の「史伝」をどう読むか

そのような知的共同体内部の、あるいはそれら知的共同体相互間のコミュニケーションの実態を、驚くべき綿密さをもって、主として書簡によるコミュニケーションの追跡を通じて実証的に再現したのが、森鷗外晩年の「史伝」といわれる作品群です。

鷗外の「史伝」には、澀江抽斎《しぶえちゅうさい》、伊澤蘭軒《いざわらんけん》、北條霞亭《ほうじょうかてい》などの個人が題名として冠されていますが、「史伝」の実質は、それら個人というよりも、それら個人によって象徴される知的共同体そのものなのです。これら学者個人に対する鷗外の評価は別として、彼らの知名度が同時代の、同一分野の学者・文人の中では必ずしも高くなかったことは、「史伝」が事実上対象としたものが何であったかを考えれば、偶然とはいえません。

「史伝」の核心を偉大な個人に求めようとする者は、しばしば失望します。「史伝」の読者たらんとする者の多くが味わう失望感(あるいは退屈感)がそれです。ショウペンハウエルは、著作がもたらす退屈を「客観的」と「主観的」との二種類に分け、前者を著者に原因するもの、後者を読者に原因するものと説明しています。そして「主観的退屈」は「読者がその主題に対して関心を欠くために生まれて来る。しかし関心をもてないのは読者の関心に何か制限があるためである」(「著作と文体」)と言います。たとえば、和辻哲郎の『澀江抽斎』批判にはそれが表われています。『澀江抽斎』が発表された当時、気鋭の学者として才筆を振るっていた和辻は、「私は部分的にしか読まなかった」と断った上で、「私は『澀江抽斎』にあれだけの力を注いだ先生(鷗外)の意を解し兼ねる。私の臆測し得る唯一の理由は、「掘り出し物の興味」である」と断じているのです。

「彼の個人としての偉大さも文化の象徴としての意義も、先生のあれだけの労作に価するとは思へない」というのが、『澀江抽斎』に対する当時の和辻の評価でした。それはおそらく終生変わらなかったでしょう。しかもこうした否定的評価は、和辻に限られませんでした。当時の多くの学者・知識人ら(おそらく永井荷風のような例外を除いて、文人をも含めて)は、「史伝」の価値に疑問を持ったのです。また後年の石川淳のように、「史伝」の文学的価値を高く評価する者も、個々の作品の優劣を、題名として掲げ

森鷗外
(文京区立森鷗外記念館蔵)

られた個人の優劣に帰着させる傾向がありました。『澀江抽斎』と『北條霞亭』とを対比した石川は、「人がこれを何と評そうと、『霞亭』が依然として大文章だということには変りがない」と評価しながらも、霞亭個人を「俗情満満たる小人物」と断じ、「最後に霞亭という人物に邂逅したのは鷗外晩年の悲劇である。かかる悲劇がかつて『抽斎』に於て演じられなかったのは、抽斎と霞亭との人間の出来工合の差異に因る」という結論に達しています。

このように石川淳の場合でさえ、「史伝」の各作品の文学的価値が各作品の題名となった各個人の人格的価値(さらに学者的価値)に還元されているのです。たとえば石川は、北條霞亭と比べて、学者的価値において、はるかに優った同時代の松崎慊堂《まつざきこうどう》や狩谷棭斎《かりやえきさい》が、鷗外の「史伝」の対象とならなかったことを慨嘆しています。

尾崎秀實は「史伝」をどう読んだか

ちなみにソ連赤軍諜報部のエージェントであり、ドイツのナチス党員を仮装し、駐日ドイツ大使館を拠点として活動していたリヒャルト・ゾルゲとともに、コミンテルンの要員として国家の最高機密に迫る諜報活動に従事した尾崎秀實《おざきほつみ》は、獄中で差し入れられた鷗外の『北條霞亭』を愛読しました。当時の国防保安法・治安維持法違反容疑によって一九四一年一〇月一五日に逮捕された著名な中国問題ジャーナリストで、第一次近衛文麿《このえふみまろ》内閣の内閣嘱託でもあった尾崎は、第一審において一九四三年九月二九日に死刑判決を受けました。その後、差し入れを受けて獄中において読んだ書目の中に、『鷗外全集』(岩波書店、一九三七年)第八巻所収の『北條霞亭』があるのです。

同年一一月一七日付の夫人および長女宛の獄中からの書簡には、「北條霞亭の伝は実に楽しんで読んで居ります。これは詩や尺牘《せきとく》が多くてなかなか読みでがあります。近頃思ふのですが鷗外先生はやはり大したものです。伝記作者としては古今独歩だとすら思ひます。それにしてもこの相当むつかしい文章が(すばらしい名文ではありますが)、新聞(『東京日日新聞』一九一七(大正六)年一〇月三〇日〜一二月二七日、および『大阪毎日新聞』同年一〇月二九日〜一二月二七日─三谷注。以下同)に連載されたのは大正の始めなのです。その頃の読者層の教養の高さが一面うかゞはれます」(尾崎秀實『愛情はふる星のごとく』上、青木書店、一九五三年、二一一─二一二頁)

尾崎秀實

と言及されています。それだけでなく、尾崎は、一七八〇(安永九)年生まれで数え年四四歳で没した北條霞亭とおそらく同年で死を迎えることになるであろう一九〇一(明治三四)年生まれの自己自身とを重ね合わせて、次のように読後の感慨を記しています。

彼は四十四歳で妻と一人の女児を残して世を去つてをります。それは偶然の符合かも知れませんが、これを私に読ましめた人に或ひは特別の心づかひがあつたのかもしれんと思ふ程です。鷗外先生はこくめいに年を追つて書いていられるので、人の一生と運命とをいきいきと示して居ります。この人〔北條霞亭〕は特に傑出したといふのではなく、ごくまじめな一学徒の一生です。漸《ようや》く東都の学壇に重きをなさうとした時、さうして、新居をわづかに営んだ時、たちまちその生涯を終つてゐます。（一九四三年一一月一九日付書簡、同上、二一四頁）

敗戦後『北條霞亭』に言及した尾崎の獄中書簡が公表され、それを読んだ作家宇野浩二は「鷗外の小説――最高級の小説」（『鷗外全集』岩波書店、第四巻、月報二、一九五一年七月）という一文の中で次のように書いています。「尾崎秀實といふ人が極刑に処せられて獄中にゐる時、その家族に注文した本のなかに、……『北條霞亭』があつたので、私は、正宗白鳥とその事について語り合つた時、「『北條霞亭』を読むといふことだけで、この人は文学の観照の奥の院にはひつたといふべきですね」と、いつた事である。さうして白鳥先生も私の言葉にうなづいたことであつた」。宇野浩二は鷗外の三つの「史伝」をいずれも高く評価しながら、「しひていへば、私は、『北條霞亭』をとる」と断言しているのです。それゆえに死刑の執行を遠からぬ将来に予期していた尾崎秀實が獄中で読んだ「北條霞亭」に深く感銘を受けた事実に共感したのです。(宇野浩二の一文のコピーは政治史家今井清一氏から供与されました。)

横のネットワークの広がり

たとえ各個人の人格的価値(また学者的価値)の間に優劣があろうとも、それぞれが属する知的共同体そのものの間には必ずしも優劣があるとはいえません。それらはいずれも、身分や所属を超えた「文芸的公共性」を共有する成員間の平等性の強い知的共同体でした。そこでは身分制に基づく縦の形式的コミュニケーションではなく、学芸を媒介とする横の実質的コミュニケーションが行われていたのです。

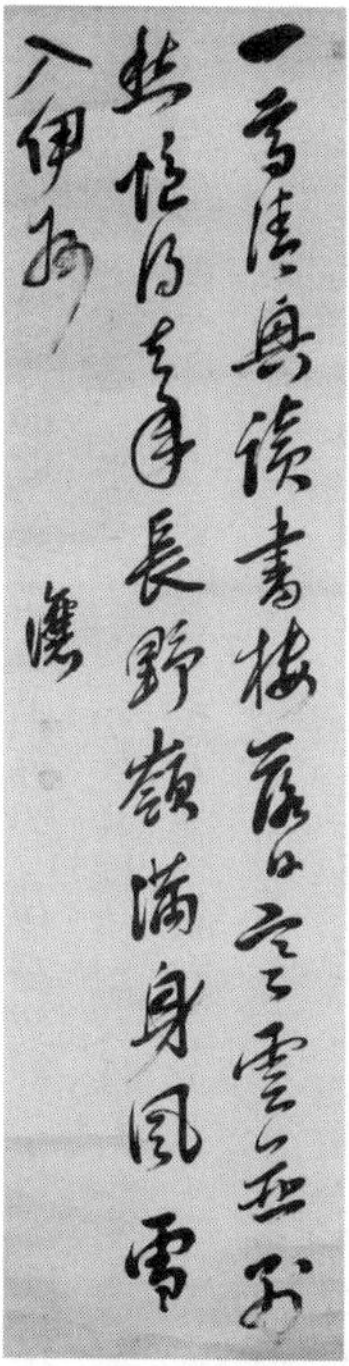

北條霞亭(譲．通称譲四郎)が文化5年(1808年)に作ったと思われる七言絶句．「一専清興讀書樓　落日寒雲竝別愁　憶得去年長野嶺　満身風雪入伊州　譲」．1年前の冬に滞在先の越後から中山道を通り，伊勢方面へ向かった時に，夕暮れ信州南部の山道で猛吹雪に襲われながら次の宿場へ急いだ記憶を思い起こしている(著者現有)．『鷗外歴史文学集』第10巻，岩波書店，2000年，63-69頁参照．

蘭軒や霞亭が、著名な詩人で創立者である菅茶山《かんちゃざん》を通して、直接・間接に深く関わった備後《びんご》神辺《かんなべ》の廉塾《れんじゅく》等はその典型です。鷗外の『伊澤蘭軒』や『北條霞亭』は、廉塾という山陽道の一宿駅を拠点とする、ささやかな知的共同体が及ぼした全国的なコミュニケーションのネットワークを、飛躍を伴わない徹底した考証学的方法――これは鷗外が敬愛して止まなかった澀江抽斎の学問的方法ですが――によって描破したのです。北條霞亭の先任者として、一時期菅茶山の委嘱を受け、廉塾塾頭を務めた頼山陽《らいさんよう》の『日本外史』その他の著作は、「文芸的公共性」の一つの結実です。それが幕末の政治的コミュニケーションを促進する媒体の役割を果したことはいうまでもありません。

幕末の開国期の外交を担った勘定奉行川路聖謨《かわじとしあきら》は、対露外交交渉のため、長崎へ赴く途次、気づかずに山陽道に面した廉塾を通過し、そのことを後で知り、日記中に廉塾を看過したことに対する深い悔恨の記事を遺しています。廉塾がもたらした「文芸的公共性」のネットワークが幕府官僚の中枢にまで及んでいたと見ることができるでしょう。日本の場合もまた、ヨーロッパの場合と同じように「政治的公共性」は「文芸的公共性」に胚胎したのです。

また北條霞亭の出身母体である伊勢の山田詩社も単なるローカルな文芸結社ではなく、そのコミュニケーションのネットワークには当時の卓抜した先進的な外科医である華岡青洲《はなおかせいしゅう》を含んでいました。青年期に医を学んだ霞亭は、華岡青洲を「古今の神医」として尊敬し、実弟碧山《へきざん》をはじめ若い医師たちに対し、紀伊在住の華岡の下で研修することを勧めます。実弟碧山は実際に紀伊の華岡を訪ねています。また逆に華岡青洲の子雲平は茶山が創立し、霞亭が塾頭として主宰していた廉塾に学びました。青洲六一歳の寿の祝に際しては、茶山も霞亭も共に青洲のために寿詩をおくっています。鷗外は霞亭の子孫の許に遺されていた書簡を通して、華岡青洲を点描し、当時の知的共同体がいかに豊かなものであったかを深く印象づけているのです。そこにはまぎれもなく、「政治的公共性」の前段階としての「文芸的公共性」が機能していました。

4　幕末の危機下の権力分立論と議会制論

西周の提案

幕末の開国に伴う政治状況の根本的変化——体制的危機、つまり幕藩体制にとっての「立憲主義」の危機——に対応して、権力分立制がなぜ浮上したのか。この問題を検討するために、西周《にしあまね》の権力分立論を取り上げます。西周は特に慶応期、つまり徳川慶喜《とくがわよしのぶ》が将軍職に登場して以来、慶喜のブレーンでした。ブレーンとしての西周は、当面する最も重要な問題として、大政奉還後の政治体制がいかにあるべきかということを考えなければなりませんでした。つまり当時の「立憲主義」の危機にいかに対応すべきかを考えなければならなかったのです。当時はもちろん「立憲主義」ということばはありませんでしたが、それに相当する概念は明確に存在していました。

西周

そのような危機に対応するために、彼が起草した建議書「議題草案」の中で提案したのが一種の三権分立制だったのです。彼は「法ヲ守候権《まもりそうろうのけん》」、つまり司法権と、「法ヲ立候権《たてそうろうのけん》」、つまり立法権、「法ヲ行候権《おこないそうろうのけん》」、つまり行政権、これら三権はそれぞれ相互に異なるものなのであり、「三権共皆独立不相倚候故《あいよらずそうろうゆえ》、私曲《しきょく》自ら難行《おこないがたく》、三権各其《おのおのその》任尽候事《にんをつくしそうろうこと》、制度の大眼目ニ有之《これあり》候」と書いています。つまり、西は幕藩体制再編成の手段として、欧米における権力分立制というものを導入すべきことを主張したのです。実体的な個別の権力主体の存在を前提とした権力分立制にのっとって、幕府と藩の間の権力の配分を明確化すべきだと提唱したのです。

西の具体的な提案は次のようなものでした。全国的な立法権の主体は徳川宗家、つまり大君を含む全国一万石以上の大名から成る上院、その上院においては大君は上院列座の総頭、上院議長に任ぜられる。採決の結果、可否同数となった場合には、大君は三票分の投票権を有する。

それに対して各藩代表一名から成る下院というものをも設ける。大君は下院についても可否同数の場合に三票の投票権を有し、かつ下院の解散権を有する。

さらに、西は徳川宗家を大坂に置かれる公府、行政権の主体として想定しました。つまり立法権と行政権とを区別して、非幕府勢力を立法権の領域に封じ込める。そして大政奉還後の幕府の政治的生存を確保するというのが、徳川慶喜のブレーンとしての西が幕府のために描いた政治戦略でした。それを「享保年間仏国之大儒モンテスキウ之発明」といったのです。

西は幕末にオランダのライデン大学に留学して、そこで本格的に権力分立制の観念を学んだと思われますが、それが幕末の幕府の政治的危機に際して、それに対応する政治戦略を描く一つの手掛かりとなり、幕藩体制の再編成を図る非常に現実的な提案が出てきたわけです。西は、おそらく慶喜のブレーンとして幕藩体制というものが本来、権力分立論を受け入れやすい構造を持っているということを認識していたのでしょう。

「公儀」から「公議」へ

同じように幕藩体制にとっての「立憲主義」の危機に対応する政治戦略として浮上したのが議会制でした。これはいうまでもなく幕府の伝統的支配の解体に対応する、もう一つの政治戦略でした。幕府は根本法である鎖国を放棄し、体制の正当性の根拠を新たに問われる緊急事態に遭遇します。要するにウェーバーのいう伝統的支配(Traditionelle Herrschaft)、徳富蘇《とくとみそ》峰《ほう》が「習慣ノ専制」と呼んだ幕藩体制の支配原理を修正する必要に迫られたのです。つまり、幕府の根本法である「祖法」を補完する、あるいはそれに代替する新しい体制原理を見出す必要に幕府は迫られたわけです。

そこで幕府が考えたのは、一つはよく知られている「勅許《ちょっきょ》」でした。伝統的支配から疎外されてきた朝廷の体制への編入ということを一方で考える。いいかえれば「権威」による「権力」の補強であり、「権威」と「権力」とを一体化させることです。

もう一つが「衆議」でした。これが急速に幕藩体制の支配原理を補うものとして浮かび上がってきた。つまり従来幕府の政策決定のアウトサイダーであった大諸侯をはじめとする諸大名の意見が「衆議」として、新たに戦略的価値を帯びてきたのです。これはいってみれば、伝統的な合議制を拡充する意味をもつ具体的な方策であったというべきでしょう。そして、それに伴って幕府権力それ自体を意味する「公儀」の正当性の自明性が失われ、にわかにもう一つの「公議」が体制の安定のために必要となってくる。すなわち「公儀」から「公議」への支配の正当性の根拠の移行が幕末に急速に起こってくるのであり、これが議会制を受け入れる状況の変化であったのです。

福沢諭吉なども当時読んだ著作として、序章で紹介したウォルター・バジョットの『英国の国家構造』があります。これは既に指摘したように、マルクスの『資本論』第一巻と同じ一八六七年に出版され、ちょうど今年(二〇一七年)で初版から一五〇年を迎えました。これは福沢諭吉などに非常に大きな影響を与えたのです。その頃、英国などでも、「近代」というのは一体何だったのかということの検討が本格的に行われるようになっていました。そのようなヨーロッパにおける「近代」概念を考察した著作として、これもまた序章で取り上げた、バジョットのもう一つの著作『自然学と政治学』があります。これは一八七二年に出たものですが、一九世紀末において近代化の最先端を行く当時のイギリス人が、近代というものをどういう概念として受けとめていたかということがよくわかるものです。その中でバジョットは、ヨーロッパにおいても「慣習の支配」から「議論による統治」へというふうに政治の形態が移行していく、これが近代なのだと説明しているのです。

この「慣習の支配」から「議論による統治」への移行という近代化の観念は、福沢諭吉を初めとする当時の日本の先進的知識人にも非常に大きな影響を与えました。そして実際に「慣習の支配」から「議論による統治」への歴史的な移行に相当する状況の変化が、当時の「立憲主義」に相当する体制原理の危機の進行に伴って、幕末日本においても見られたのです。この点が、やはり重要です。

議会制導入という戦略

そして現実に幕府系勢力と外様雄藩勢力とのそれぞれの代表者たちの合議体を基礎とする幕藩連合政権というべきものが発足します。島津《しまづ》久光《ひさみつ》、伊達《だて》宗城《むねなり》、山内《やまのうち》豊信《とよしげ》、松平慶永《まつだいらよしなが》、徳川慶喜、松平容保《まつだいらかたもり》の六名から成る参預会議といわれたものが、その中心でした。しかし、これが内部対立によって解体した後に、幕府系と薩長連携を基軸とする外様系との対立が深まります。幕府系は帝政フランスとの提携による幕藩体制の絶対主義的再編成を志向しました。当時、幕府官僚機構の末端にあって、この路線を支持した福沢諭吉は「大君之《の》モナルキ」ということばでこれを表現しましたが、慶喜政権は「大君之モナルキ」の路線をとりました。そして最終的には軍事力によって各藩権力の廃絶を目指したのです。

このような幕府路線に対して強い脅威感を持った雄藩連合の中から、武力倒幕論というものが、いわば防御的な方策として台頭してくる。しかし、この雄藩連合の中でも、大政奉還後の政治体制について予定していたのは議会制でした。また、権力の移行後には各藩権力を超えた「公議」というものを形成することがやはり必要であると考えられていました。つまり、雄藩連合にとって「大君之モナルキ」を阻止する政治戦略、それが武力倒幕という形をとるにせよ、権力の平和的移行という戦略をとるにせよ、とにかくそれにかわる選択肢としての政治体制において議会制は必然的であると考えられていたのです。

そのような状況の変化の過程で、幕府側も反幕府側も、将来の権力がどういう形態をとるにせよ、「公議」、すなわち一種の「パブリック・オピニオン」によって基礎づけられなければならないという共通のコンセンサスが形成されていきました。要するに、新しい権力は「公議」によって基礎づけられる必要があるという考え方が共通していたのです。

結局、徳川慶喜は武力倒幕論を封じ込めるために、大政奉還論に従うわけですが、ブレーンであった西周の権力分立論にあるように、大政奉還後の政治体制のイメージとしてあったのは、一種の公議政体でした。慶喜の大政奉還の上奏文を見ると、そこでも「公議」というものの重要性が強調されていることがわかります。上奏文の中には「天下の公議を尽し、聖断を仰ぎ同心協力共に皇国を保護仕候得《つかまつりそうろうえ》ば、必ず海外万国と可並立候《ならびたつべくそうろう》」と述べられています。これは、その背後にある公議政体論を反映していると思われます。

つまり幕府側も反幕府側もそれぞれの政治的な生存をかけて、「公議」というものをそれぞれの存在理由としなければならなかったわけです。「公議」をそれぞれの存在理由としうる議会制を導入しようという点では共通していたということです。

5　明治憲法下の権力分立制と議会制の政治的帰結

明治憲法下の議会制

一八八九(明治二二)年二月一一日に発布された明治憲法(大日本帝国憲法)は、第三章「帝国議会」で、議会制の枠組を定めています。帝国議会が発足したのは、憲法発布の翌年の一一月二九日であり、既に述べたように、この日に行われた開院式と同時に憲法自体も効力を発することとなったのです。このことは既に前年の憲法発布に際して発せられた天皇の勅語に明らかにされていました。明治憲法体制における帝国議会の重要性を示しているとも見ることができるでしょう。

帝国議会は、貴族院および衆議院の両院から構成されていましたが、それぞれの運営や組織は、憲法発布と同時に天皇の最高諮問機関である枢密院《すうみついん》の議を経て制定された二つの法令に準拠していました。一つは、貴族院についての貴族院令といわれる勅令、もう一つは衆議院についての議院法といわれる法律です。これらの他に、衆議院については公選される議員の選挙制度を定めた衆議院議員選挙法という法律があり、第一回帝国議会開会に先立って、この法律に基づいて一八九〇年七月一日に第一回総選挙が行われたのであります。憲法発布と同時に制定され、議会制の実施に密接に関連するこれらの法律および勅令は、憲法の条文自体の中にも明記されており（憲法第三四条、第三五条、第五一条、ただし衆議院議員選挙法については、第三五条では単に「選挙法」とされている）、議会開設後に制定された法令と区別して、特に「憲法附属の法令」とされ、それらの改正においては、枢密院への諮詢《しじゅん》が行われたのです。

以上に見たように、明治憲法下の議会制はその法形式の上から見ても、体制全体の中で、決して比重の小さいものではありませんでした。また議会はその実態から見ても、予算案や法律案について事実上の生殺与奪の権を握っていました。議会制を憲法上の制度とした明治憲法の起草者たちは、同時に議会制の将来に強い警戒心をもっていました。議会制を基盤とする政治勢力の台頭をいかにして抑止すべきかを考えざるをえなかったのです。

覇府排斥論と権力分立制

議会制は既にみたように、維新革命の所産でした。維新革命の理念は、一つは王政復古です。王政復古の政治的な意味は、諸侯の旗頭であって天子の政をとる者、つまり、天皇を代行する覇者《はしゃ》を排斥することでした。また、覇者の組織・機構であり、覇者の拠点となるのが覇府《はふ》ですが、そうした覇府を排斥することを意味しました。いいかえると、王政復古というのは幕府的存在を排除するということを意味したわけです。

そして、幕府的存在を排除するために最も有効なものとして考えられたのが、議会制とともに憲法上の制度として導入された他ならぬ権力分立制でした。権力分立制こそが天皇主権、特にその実質をなす天皇大権のメダルの裏側であったのです。つまり、明治憲法が想定した権力分立制というのは、幕府的存在の出現を防止することを目的とし、そのための制度的装置として王政復古の理念に適合すると考えられたのです。権力分立制の下では、いかなる国家機関も単独では天皇を代行しえません。要するにかつての幕府のような覇府たり得ない。このことが、明治憲法における権力分立制の政治的な意味であったのです。

憲法起草責任者であった伊藤博文は特に議会について、議会こそまさに覇府であってはならないという点を強調しました。「王政復古は所謂《いわゆる》統治大権の復古なり。吾等《われら》は信ず、統治の大権、覇者に在る者を復し、直に之を衆民に附与して皇室は依然其統治権を失ふこと、覇府存在の時の如くせんと云ふが如きは、日本臣民の心を得たるものにあらず。況《いわ》んや我国体に符合するものにあらず」というふうに、伊藤博文は述べたわけです。

この伊藤の覇府排斥論というものは、議会だけでなくて他の国家機関にも共通に適用されなければならないものでした。それは当然、軍部についても例外ではありません。要するに「統帥権の独立」というのは「司法権の独立」と同じように、あくまでも権力分立制のイデオロギーなのです。したがって、それは軍事政権というようなものが出現することを正当化するイデオロギーではありえなかったわけです。太平洋戦争中、東條内閣が東條幕府という名によって批判された所以はそこにありました。また、大政翼賛会が幕府的存在(あるいはソ連国家におけるボルシェヴィキに相当する組織)として当時の貴族院などにおいて指弾されたのも、やはり権力分立制の原則にそれが反すると考えられたからです。

大政翼賛会などが率先して唱えた「贅沢は敵だ」というスローガンが実は発足時のボルシェヴィズム伝来のものであるという風評が当時巷間に流れたのも、大政翼賛会主導の「新体制」をボルシェヴィキ支配に類似した一党制の亜種としてとらえる見方がある程度拡がっていたからでしょう。また共産主義と同じように、ナチズムやファシズムに対する違和感、抵抗感というものがあったのも、一党制というものが憲法上の権力分立制と相容れないという考えに発していたと思われます。ナチ政権が成立させた授権法と日本の国家総動員法とは、ともに政府の広範な委任立法権を認めたものでしたが、前者は憲法をも改正しうる法律の制定を政府に認めたものであったのに対し、後者にはそれはありませんでした。

反政党内閣と権力分立制の不可分性

このように、一見集権的で一元的とされた天皇主権の背後には、実際には分権的で多元的な国家のさまざまな機関の相互的抑制均衡のメカニズムが作動していました。これが天皇統治とそれを裏づける権力分立制の現実でした。これら国家のさまざまな機関のいわば多元的均衡を求める政治力学が、明治憲法体制の現実を形成していたのです。したがって、明治憲法に規定されていたような比較的厳格な権力分立制は、立法と行政との両機能を連結する政党内閣を本来排除する志向を持っていました。つまり明治憲法の反政党内閣的な性格というのは、実は権力分立制と不可分であったといえるでしょう。

現に反政党内閣論者の急先鋒であった憲法学者の穂積八束《ほづみやつか》は、一方においてイギリスの議院内閣制を、立法権と行政権とをあわせ持つという意味で、一種の専制政体であるとしてこれを排除します。しかし逆に、穂積はアメリカの権力分立制を高く評価するのです。アメリカの権力分立制は、これこそ明治憲法の予定する政体の本質である立憲制を高度に実現したものだと高く評価したわけです。

また、穂積の学問的後継者であった憲法学者の上杉慎吉《うえすぎしんきち》もまた同じ反政党内閣論者として、明治憲法の基本原則としての権力分立制を最高度に強調しました。そして反政党内閣論者の立場から、上杉は特に立法権に対する司法権の独立を強調しています。明治憲法には裁判所による法律審査権というものが明文化されていなかったので、憲法学者の間で、裁判所に法律審査権があるかどうかが解釈論として争われたわけですが、憲法解釈として上杉は、裁判所による法律審査権を認めたのです。

この点が穂積・上杉と同じ憲法学者の美濃部達吉《みのべたつきち》との非常に大きな違いでした。美濃部の場合には、権力分立といっても、それは三権が対等に並び立っているわけではなく、あくまでも立法権が優位する。したがって、裁判所が議会によってつくられた法律を審査するということはありえないというのが、美濃部の解釈でした。

6　体制統合の主体としての藩閥と政党

体制を統合する主体の必要性

明治憲法は表見的な集権主義的構成にもかかわらず、その特質はむしろ分権主義的でした。実はその意味するところは深刻でした。つまり、明治憲法が最終的に権力を統合する制度的な主体を欠いていたということを意味するからです。

現実の天皇は常時、権力を統合する政治的な役割を担う存在ではもちろんありません。内閣総理大臣もまた、閣内および閣外との関係においてその地位は極めて脆弱でした。明治憲法下の内閣総理大臣は、現行憲法下の内閣総理大臣と比べて、閣内においては軍部大臣はもちろん、制度上は独立して天皇に直結している個々の閣僚に対する統制力も弱く、したがって内閣全体の連帯責任は、制度的に保障されてはいませんでした。また閣外に対しても、現在の内閣総理大臣とは異なり、議会によって選出されていませんので、議会の支持も万全ではありませんでした。このことが明治憲法体制下の日本の政治の大きな特徴であったのです。

つまり日本の政治は、遠心的であり、求心性が弱かった。これは藩閥内閣の場合にも同じでしたし、政党内閣の場合にも同じでした。したがって、明治憲法体制がそれを支える分権性の強い国家のさまざまな機関やそれに依拠する政治諸勢力の間の多元的均衡をつくり出すということは難しかった。つまり、体制の安定を確保するということが難しかったということです。そのような理由から、体制を全体として統合する機能を持つ、憲法に書かれていない何らかの非制度的な主体というものが、どうしても明治憲法体制においては必要でした。

いいかえると、天皇統治というのは一種の体制の神話でして、現実は権力分散でした。そういう体制の軌範的神話と政治的現実とを媒介する何らかの政治的な主体というものが不可欠だったのです。明治憲法は制度上は、覇府的な存在、要するに幕府的な存在というものを徹底して排除しながらも、憲法を統治の手段として有効に作動させるために、何らかの幕府的存在の役割を果たしうる非制度的な主体の存在を前提としなければならなかったわけです。

何が統合主体となったのか

日本において、そういった分権的な体制を統合する非制度的な主体の役割を担ったのは何だったのか。まず登場したのが、いわゆる藩閥、憲法制定権力の中核としての藩閥でした。これはいうまでもなく、かつての反幕府勢力を主導した薩長出身者を中心とする藩閥で、これが国家のさまざまな機関をいわば縦断する政治勢力(faction)として憲法を作動させました。そして藩閥の代表的なリーダーたちが事実上天皇を代行する元老集団というものを形成した。この元老集団が分権性の強いさまざまな権力主体間の均衡をつくり出す、いわばバランサーの役割を果たしたのです。

ところが、この藩閥の体制統合機能には非常に大きな弱点がありました。藩閥は分権的な体制の一つの分肢であるところの衆議院をどうしても掌握することができなかったのです。反藩閥勢力の場合には、政党として地方に拠点を据えて、衆議院選挙に適合する組織をつくり上げることによって、常に衆議院選挙に勝利する。そして衆議院を支配する。藩閥にはそれができませんでした。藩閥はそもそも反政党を標榜し、自ら政党たることを拒否した以上、選挙には勝てず、どうしても衆議院を支配することができないのです。衆議院を支配することができなければ、予算も通すことができないし、法律も成立させることができない。藩閥はいかに強大であっても、その本質は「派閥」(faction)であり、「政党」(political party)の役割を果たすことはできなかったのです。

それでは、衆議院を支配する政党の方はどうかというと、これも克服し難い弱点を持っていました。つまり、明治憲法下では衆議院の多数というのは、それだけでは権力の獲得を保障しなかったからです。藩閥の体制統合能力には限界があった。逆に政党の勢力拡大にも限界があった。この現実を藩閥と政党の双方が認識した結果、双方からそれぞれの限界を打破するために相互接近が試みられます。これが大体、日清戦争後あたりから始まるのです。

この藩閥と政党双方の相互接近の過程で、まず藩閥の組織の希薄化が進みます。要するに藩閥の組織の母体は旧藩ですから、これは時の経過とともに消滅していく。そして最終的に藩閥はその母体を失って政党化せざるをえなくなります。憲法の発布にあたって政党からの独立を鮮明にする超然主義の旗幟《きし》を掲げた反政党内閣論者の伊藤博文が、衆議院多数派を基礎として、貴衆両院を縦断する政治勢力を組織化するために、一九〇〇(明治三三)年に立憲政友会の初代総裁となる。そしてこれに対立する反政友会勢力もまた、貴族院多数派を拠点として政党化に踏み切り、立憲同志会に始まり、憲政会、そして立憲民政党にいたる第二の政党の系列を発展させていく。このようにして貴衆両院が対峙する明治憲法下の議会制の中から、事実として複数政党制が出現したのです。

これに伴って、藩閥が担ってきた体制統合の役割は漸次政党に移行していきます。その意味で政党は藩閥化し、また藩閥は政党化する。いいかえれば、政党が幕府的存在化する。これが日本における政党制(party system)の成立の意味でした。

7　アメリカと対比して見た日本の政党政治

米国政治の統合主体としての政党

こういう現象は決して日本だけの現象ではありません。これと類似した歴史的事例を求めるとすれば、アメリカ合衆国でしょう。米国の場合には、日本以上に厳格な権力分立制がありました。しかし、それにもかかわらず、米国の場合もまた政治的な必要に迫られて政党政治が形成されていきました。米国憲法の起草者たちも、本来、権力分立制のねらいとして意図したのは、議会多数派による国家支配を抑止するということでした。つまり権力分立制は、米国憲法の起草者たちが最も警戒した多数の圧制(the tyranny of the majority)に対する防波堤だったのです。

米国のファウンディング・ファーザーズ(建国の父祖)たちにとっての憲法の至上目的は、もちろん日本の場合とは違います。憲法の至上目的はいうまでもなく、自由、特に宗教的自由の保障でした。その自由が多数派支配によって脅かされることを防ぐという意図が、米国のファウンディング・ファーザーズたちには強く働いていました。つまり、米国においても政党政治というのは特殊利益が国家を支配すると元来考えられていたのです。政党を主体とする政府(party government)というのは、自由の要請に反すると考えられていた。したがって、実は議会多数派による国家支配を防止するという意図の限りでは、日本の明治政府のリーダーたちと考え方は共通していたのです。

しかし、アメリカの場合も日本と同じように、高度に権力分立的な憲法は、それだけでは国家を統治する有効な道具とはなりえませんでした。米国の場合にも、大統領制を補佐する何らかの非制度的な主体、憲法に書かれていない非制度的な主体、実質的な体制の統合主体というものが必要となったのです。

米国においてその役割を担ったのは、結局、大統領の選出母体としての二つの全国的政党でした。しかも、これら二つの全国的政党は、ともに本来は反政党的な立場をとっていた憲法起草者たち自身、すなわちファウンディング・ファーザーズたち自身によってつくられるということになったわけです。先に見たように、この点は日本も全く同じでした。

ちなみに、米国においてもそういう観点から、なぜ複数政党制が成立したのかという研究が行われました。与野党によって構成される政党制の観念と現実がいかにして定着したのかという研究が、アメリカの政治を理解するために必要であったわけです。これを行ったのが、アメリカの歴史家リチャード・ホーフスタッター(Richard Hofstadter)でした。ホーフスタッターによると、アメリカの憲法というのは元来、「反政党的な憲法(Constitution-against-parties)」でした。その「反政党的な憲法」を救い、それを統治の有効な道具たらしめたものこそ、まさに政党であったという逆説をホーフスタッターは一九六九年の著書の中で指摘しているのです(*The Idea of a Party System: The Rise of Legitimate Opposition in the United States, 1780–1840*, University of California Press, 1969)。

要するに、米国においても一七八八年憲法は、「反政党的な憲法」であり、明治日本においてもやはり一八八九年憲法は「反政党的な憲法」でした。そのような同じ「反政党的な憲法」の下で、日米両国においてともに政党政治が成立しました。それはなぜかという問題意識が、少なくとも日本の政治的近代を解明するために非常に重要です。そして、その問題を考えるためにも、そもそも立憲主義を体現した権力分立制や議会制がどういう原因で、またどういう動機で導入されたのかという問いが非常に重要なのです。

8 政党政治の終わりと「立憲的独裁」

日本においては、大正の終わりから政党政治が本格的に作動しはじめたものの、満州事変や五・一五事件に象徴される一九三〇年代初頭の相次ぐ内外からの衝撃によって、政党政治はその権威を揺るがされていきます。政治学者の中にも「デモクラシーの危機」が叫ばれるようになります。そして「デモクラシー」の代替イデオロギーとして一種の「立憲主義」が浮上していくのです。

デモクラシーなき立憲主義

その場合の「立憲主義」とは、「デモクラシー」から分離したものです。要するに「立憲デモクラシー」ではなかった。そして「デモクラシー」なき「立憲主義」として「立憲的独裁」という概念が登場します。その主唱者は、当時の先端的な政治学者であり、行政学者であった蠟山政道《ろうやままさみち》でした。蠟山は最後の政党内閣となった犬養毅政友会内閣の下で、五・一五事件の四カ月位前の時点で、その前途に悲観的見通しを立て、「立憲主義」の枠組を前提としながら、議会に代って「権威をもって決定しうる組織」(専門家支配の組織)を作り出すための概念として「立憲的独裁」を提唱したのです(蠟山政道「憲政常道と立憲的独裁」『日本政治動向論』東京高陽書院、一九三三年所収、および「我国に於ける立憲的独裁への動向」同上所収）。

蠟山は「立憲的独裁」を当時の欧米先進国間の共通の現象として見ました。ドイツにおける大統領の緊急令（ワイマール憲法第四八条に基づくNotverordnung）による統治、一九三一年に出現した英国における「挙国一致内閣」、さらにニュー・ディール政策を進める米国の政治も「立憲的独裁」の事例として意味づけたのです。米国の場合、蠟山は「憲法上許されてゐる極度の独裁権」が与えられていると見ました（拙著『学問は現実にいかに関わるか』東京大学出版会、二〇一三年、一一九―一二〇頁）。

五・一五事件を経て成立した「政党・官僚の協力内閣」である斎藤實《さいとうまこと》内閣に対して、蠟山が「唯一の道」として提言したのは、「議会に代るべき権威ある少数の勅令委員会」、要するに天皇によって正当性を付与された行政権に直結する専門家組織による「立憲的独裁」でした。「立憲的な独裁にまで進むに非ざれば、やがて……一縷《いちる》残存してゐる立憲主義そのものをも破棄せしむる危機を招来するやも知れない」と書いています。「立憲的独裁」という概念には、明治憲法下の「立憲主義」に対するそれなりの切迫した危機感があったことも否定できません。しかし、その場合の「立憲主義」とは、「近代的な意味における立憲主義」ではなく、「国民協同体」の政治組織である「国民組織」の政治原理です。「日本の国体を中心とする国民の政治的形成の内在的原理の上に立てらるべきもの」という特殊な意味を付与されたものです。議会制から離脱し、それを否定した「立憲主義」です。「立憲的独裁」の概念形成に伴って、「立憲主義」概念自体が変質していったのです。

私は、今後の日本の権力形態は、かつて一九三〇年代に蠟山政道が提唱した「立憲的独裁」の傾向、実質的には「専門家支配」の傾向を強めていくのではないかと考えています。これに対して「立憲デモクラシー」がいかに対抗するのかが問われているのです。

第二章　なぜ日本に資本主義が形成されたのか

1　自立的資本主義化への道

スペンサーと日本

国民国家の形成を目的として始まった日本の近代は、自立的資本主義の形成をその不可欠の手段としました。国民国家の形成と自立的資本主義の形成は不可分の一体だったのです。そのことが日本の資本主義を特徴づけることとなりました。

日本の近代化を方向づけ、それに沿う資本主義の発展を正当化する有力な論拠とされた学説があります。一九世紀後半の世界を席捲した英国人学者ハーバート・スペンサーの社会学説です。スペンサーは「軍事型社会」から「産業型社会」へという社会の発展段階の図式を示しましたが、これが、幕藩体制社会を離脱し、将来の社会に向かって進化する明治日本の歴史発展にそのまま適用することができると考えられたのです。当年の青年知識人であった徳富蘇峰は、スペンサーの進化史観を翻案して『将来之日本』(一八八六年)を書き、当時のベストセラーとなります。また草創期の明治一〇年代の東京大学でも、スペンサーの社会学は原書をテキストとする講義を通して学生に浸透しました。当年の学生であった新渡戸《にとべ》稲造《いなぞう》は、文学部で外山《とやま》正一《まさかず》の講義を通してスペンサー社会学に接しますが、それはとくに新渡戸のアメリカ観の形成に永続的な影響を及ぼしたと思われます。

これに対して、後年ドイツの社会学者マックス・ウェーバーは宗教社会学的観点に立って、ヨーロッパでの資本主義の形成をその内面的動機から説明し、神の栄光を顕現しようとする禁欲的で世俗内的なプロテスタンティズムの倫理にそれを求めました。利潤追求それ自体を目的とし、その目的にとって有効な手段を徹底的に追求するという資本主義の目的合理性は、逆説的に信仰のみを強調する宗教的非合理性によって説明されたのです。すでに確立されていたヨーロッパ資本主義をモデルとした日本では、関心の対象は資本主義の内面よりも外面、ウェーバーのいう「精神」よりも機能でした。スペンサーの社会進化論的観点に立つ実証主義的な社会学は、そのような日本の要請に沿うものだったのです。この点で、勃興期のアメリカ資本主義を担った産業のカリスマ的指導者たちがスペンサーに引き付けられた同時代のアメリカと同じだったといえるでしょう。アメリカにおける「スペンサーの流行」を分析した業績として、前章でも紹介した歴史学者リチャード・ホーフスタッターによる一九五五年の著書があります(Richard Hofstadter, *Social Darwinism in American Thought*, Revised Edition, Beacon Press, 1955)。

政治リーダーと経済リーダー

高橋是清

　しかし日本の場合にはアメリカと異なり、スペンサー理論の自由主義的側面よりも国家主義的側面が重視されました。したがって日本では、内務省を推進機関とする国家主導の資本主義形成が行われていきます。政治リーダーが同時に経済リーダーとなったのです。その最初の例が、薩摩出身で明治政府の事実上の最高指導者であった内務卿大久保《おおくぼ》利通《としみち》でした。その役割が同じ薩摩出身の松方正義《まつかたまさよし》に引き継がれていきます。政治リーダーにして経済リーダーという二面性が、大久保以後の薩摩系のシヴィリアン・リーダーたちの共通性となったのです。

　このような薩摩系のリーダーの歴史的役割を引き継ぎ、最終的に日本資本主義の特徴を刻印する政治的経済的リーダーシップを担った人物、それが高橋是清《たかはしこれきよ》でした。高橋は薩摩出身ではありませんでしたが、その官途を経る過程で、文部省では森有礼《もりありのり》、農商務省では前田《まえだ》正名《まさな》といった薩摩系官僚の薫陶を受け、さらに金融実務の上でその実績を松方正義に認められました。このことが高橋の日本銀行副総裁、そして総裁就任への道を開いたのです。その経済財政政策論においては、高橋は大久保にさかのぼる薩摩系官僚の系譜に属すると見てよいでしょう。

大久保とは逆に経済金融専門家として出発した高橋が政治家の道を歩むきっかけとなったのは、大正政変でした。一九一二(大正元)年、薩摩系勢力に対峙する長州系勢力が反政友会系政党勢力の支持を得て第三次桂太郎内閣を成立させますが、政友会その他の政党勢力の憲政擁護運動によってその翌年に退陣します。そして、薩摩系と政友会との事実上の連立政権として、薩摩系海軍の代表者山本権兵衛《やまもとごんべえ》を首相とする内閣が発足しました。これが大正政変です。高橋はこの山本内閣に薩摩系の推挙によって大蔵大臣として入閣しました。これを機会に高橋は与党政友会に入党し、一転して政党政治家の道を歩んでいくことになります。こうして高橋は大久保に発する薩摩系の国家資本主義路線の継承者であり、完成者であるとともに、その転換者にもなるのです。

自立的資本主義を目指して

日本はヨーロッパ的国民国家を形成するためには、その戦略的手段として、ヨーロッパ的資本主義を自主的に形成するほかありませんでした。それは外資導入に不利な条件を強いる関税自主権を欠いた不平等条約の下では、外資に依存しない資本主義にならざるをえなかったのです。それは不平等条約の改正による完全な対外的独立を求める政治的ナショナリズムに伴う経済的ナショナリズムでもありました。そのような資本主義を可能にする客観的条件が日清戦争前の日本にはあったと考えられます。つまり、先進産業技術と資本と労働力と平和です。これら四つの条件を国家が作ったわけです。

その四つを具体的にいえば、①官営事業に象徴される国家による先進産業技術の導入、②地租をはじめとする安定度の高い歳入を保障する租税制度、③質の高い労働力を生み出す公教育制度（初等および高等教育制度）の確立、④資本蓄積を妨げる資本の非生産的消費としての対外戦争の回避、です。これらの条件の下で、まず日本における資本主義の第一の類型としての自立的資本主義が形成されたのです。本章では、その形成過程を、大久保利通に始まり高橋是清の出現にいたる過程として追跡していきたいと思います。

2　自立的資本主義の四つの条件

（1）政府主導の「殖産興業」政策の実験

起点としての岩倉使節団

明治政府は一八七一（明治四）年の廃藩置県を画期として、一方で強力に権力の一元化を進めるとともに、他方で権力を支える国民的基盤の創出を自らのイニシアティヴによって試みました。明治五年頃から一〇年頃にかけての権力による近代化のさまざまの試みがそれです。大久保利通が明治九年一二月の「行政改革建言書」の中で「数百年の因習に浴し来る無気無力の人民を誘導するには政府是《これ》が嚆矢《こうし》と成らざるを得ず」と述べているのは、その意図をよく説明しています。そのような権力による近代化の最も重要な一環が、「殖産興業」の名で呼ばれる自立的資本主義化でした。

その起点となったのは、明治四年から六年にかけての岩倉具視を全権大使とする使節団の欧米巡遊でした。この岩倉使節団は廃藩置県の直後に出発し、外遊は翌々年に及びます。岩倉以下、大久保利通、木戸《きど》孝允《たかよし》、伊藤博文ら明治政府要人が使節団に加わって長期にわたって日本を留守にしました。彼らの欧米での見聞は、ひとり「殖産興業」政策の起点となったのみならず、富国強兵を志向する明治政府による近代化の起点となりました。明治政府はこれを機に国際社会における日本の位置を客観的に認識し、将来の具体的なヴィジョンとそれへの道を把捉するにいたったのです。大久保は欧米巡遊を画期としてその政治的志向を単なる権力の強化から広く国民社会の近代化、なかでも産業化へと転換させます。このような大久保の政治的志向の転換は、大久保を中心とする明治政府それ自体の政治的志向の転換となりました。これ以後、日本は資本主義化の新段階に入ったというべきでしょう。

大久保利通

「恥」の意識による近代化

権力による近代化の心理的促進要因となったのは何だったか。それを一言でいえば、欧米先進国の文明の理想化されたイメージと対比して生じる、自国の文明への「恥」の意識です。たとえば、次のようなエピソードがあります。大久保利通の二男牧野《まきの》伸顕《のぶあき》は、後年、宮内大臣・内大臣を歴任する天皇側近となりますが、当時、一〇歳の少年として岩倉使節団に随行し、アメリカに留学しました。彼の『回顧録』によれば、岩倉一行は出発に際し、到着地アメリカで初めて汽車に乗るのでは体面に係わると考えました。当時京浜間の鉄道はまだ工事中で、線路は横浜から品川の台場までしか開通していなかったのですが、一行は品川の浜辺まで行き、プラットフォームの設備などない露天の汀《みぎわ》から汽車に乗車して、横浜まで赴いたのです。このように、明治政府要人の「恥」の意識が、権力による近代化の起点となった欧米巡遊への出発に際して表われているのです。このことは、日本の近代、さらにいえばその最も重要な部分である資本主義そのものの特徴――外面性と装飾性とに反映しているといえるかもしれません。

一行の滞米中、岩倉大使の羽織、袴に革靴といった服装が米国人の衆目を引いたため、大礼服を制定する提議がなされ、本国と交渉して急遽大礼服に着替えたのも、「恥」の意識からです。大久保がフランスを巡遊中、リヨンにおける絹糸紡績工場を視察した際に、原料の屑糸が日本から輸入されたものであることを聞き、同行者に「実に恥ずべきの至りならずや、将来是非我邦に於ても斯業を起さざるべからず」と語ったといわれるのも、同じように説明できるでしょう。

このような「恥」の意識は、「文明開化」を促す一般人民向けの政府の布告の文面にも表われています。政府の布告には難解な漢字が多く、一般の人民には容易には読めませんでした。これを風刺して、「権令《ごんれい》が沙汰《さた》出しゃ角《かく》い字で読めない。参事は一字は読まずばなるまい」というような俗謡が現れるほどでした。これも、政府の布告が威儀を欠いた卑俗な文章では内外の笑いものになるだろうという「恥」の意識から来ているのです。

文化人類学者のルース・ベネディクトはその名を戦後日本において有名にした『菊と刀』で、「罪の文化」と「恥の文化」とを区別し、前者を代表するものとしてヨーロッパの文化を、後者を代表するものとして日本の文化を挙げています。資本主義化を含む日本の近代化を促進した要因として、このような文化の性格を無視することはできないでしょう。二つの文化の違いは、おそらくそれぞれの文化――日本の場合には幕藩体制の下で形成された文化――における宗教の価値の違い、すなわち宗教の比重や社会的役割の違いに起因するのではないでしょうか。それは、先に言及した宗教社会学的観点からのマックス・ウェーバーの説明が可能であったヨーロッパの資本主義化と、そのような説明を適用できない日本の資本主義化との違いを明らかにしていると思います。いいかえれば、それは「原罪」という観念が根底にある文化と、この世との緊張関係を最小化し、内面よりも外面を重視する文化との違いであるかもしれません。

それでは、大久保によって指導された「殖産興業」政策はいかに推進されたのでしょうか。

「殖産興業」と内務省設置

まず一八七三(明治六)年五月に欧米巡遊を終えて帰国した大久保は当時大蔵《おおくら》卿《きょう》でしたが、同年一一月「殖産興業」政策の推進機関として内務省を設置し、自ら内務卿を兼任します。内務省の主要任務の一つは警察力による国内の治安維持でしたが、もう一つは経済の資本主義化を目指す産業化の推進にありました。大久保の内務行政の重点は、その意味の産業化に置かれました。大久保は大蔵省租税寮に置かれていた勧業課を内務省に移し、これを勧業寮に昇格させ、その下に農務・商務・工務・編纂の四課を置いて「殖産興業」政策の推進機関としたのです。勧業寮は後に勧農局と勧商局となり、一八八一(明治一四)年に設置される農商務省の母体となるのです。

農業技術の近代化

大久保の下で内務省が当時「殖産興業」政策として打ち出したのは、第一は農業技術の近代化と農地の開拓でした。産業化の試行は、まず資本主義の基盤としての農業から始まったのです。農業技術の近代化の拠点となったのは、官営模範農場と官立農学校でした。内藤新宿試験場《ないとうしんじゅく》、駒場農学校《こまば》、下総種畜場《しもうさ》、三田育種場《みた》等がそれです。たとえば、内藤新宿試験場は一般農業技術、牧畜、養魚、製糸、製茶等について技術改良の成果を挙げ、民間に模範を示し、技術者を養成する教育機関としての役割を担っていました。また駒場農学校は大久保の外遊の成果で、創立に際して自らの賞典禄(維新の功績に対して与えられた特別賞与としての禄米)二カ年分を奨学資金として寄付しています。明治二三年、駒場農学校は帝国大学農科大学となりました。

下総種畜場もまた大久保の外遊の成果です。牧野伸顕の『回顧録』によれば、大久保がサンフランシスコ滞在中、同地で知り合った牧畜の研究者岩山敬義《いわやまたかよし》に委嘱して開かせたものです。その目的は、牛、馬、豚の改良と緬羊の飼育を行い、民間の牧畜業を刺激し、指導することにありました。一八八五(明治一八)年下総種畜場は宮内省所管となり、皇室専用の御料牧場となりました。その後、一九六九年八月、新東京国際空港(現在の成田国際空港)建設が予定されるに及んで、「下総」の地名によって表される長年の所在地であった千葉県成田市三里塚から移転し、現在の栃木県塩谷郡高根沢町に置かれた宮内庁所管の御料牧場となっています。また、三田育種場は三田の旧薩摩藩邸跡に設けられたもので、内藤新宿試験場と同一目的をもつものでした。

さらに大久保が農業に関連する内務省の重点政策として挙げたものの一つに、山林保護があります。ヨーロッパ諸国、特にドイツとフランスの巡遊中、最も強い印象を与えたのは、国家による山林保護の実績でした。そこで大久保は政府直営の「官林」を確保し、その民有林への払い下げを抑え、「官林」を直轄する部局として内務省内に山林局を設置することを提案したのです。山林局は大久保在世中には実現せず、大久保が暗殺された翌年の一八七九(明治一二)年に発足し、これが一八八一(明治一四)年に新設された農商務省を構成する部局となるのです(山林保護については、西尾隆『日本森林行政史の研究――環境保全の源流』東京大学出版会、一九八八年、第一章参照)。

模範農場と模範工場

大久保が推進した農業関連の「殖産興業」政策の中で、逸することができないのは農地の開拓です。その中でも有名なのが福島県安《あ》積《さか》平原の開拓事業です。大久保は、遭難の日(一八七八[明治一一]年五月一四日)の朝、面接した人物の対話筆記(土屋喬雄『日本資本主義史上の指導者たち』岩波新書、一九三九年、三八頁所引)によれば、その事業の目的を次のように指摘しました。一つは、農業技術の近代化における官営農場と同じく、事業モデル(「標準雛形」)を提供するということ、もう一つは、前年の西南戦争で暴発したような政治的不安定要因としての無産化した華士族に雇用の機会を与える(「華士族授産」)ということでした。大久保の「殖産興業」政策には、ほとんどすべての場合に啓蒙者的使命感と保護政策的配慮が裏打ちされていたのです。

ちなみに大久保は官営模範農場を設けただけでなく、自ら私営模範農場も設けました。大久保は外遊中からその計画を立て、準備を進めたのです。しばしば外国から果樹や蔬菜《そさい》の種苗を送り、帰国後三万坪の土地を購入して、そこに農場、果樹園、菜園、茶畑、養蚕室、西洋農具室等を設け公開しました。まさに強烈な産業化への使命感を感じさせます。

農業分野に現れた「殖産興業」政策の特徴は、工業化についても同様です。農業での模範農場に見合うものとして、模範工場が設営され、工業化の起動力とされました。富岡製糸場をはじめ、新町《しんまち》屑糸紡績所、千住《せんじゅ》製絨所、堺紡績場、愛知および広島綿糸紡績所等です。このうち新町屑糸紡績所は、フランスのリヨンにおける大久保の工場見学が生んだ成果でした。また千住製絨所も大久保の発意によるもので、外遊中、毛織物自給計画を描き、それを提案した結果として実現したのです(土屋、同上、三九―四二頁)。それらはいずれも明治日本の資本主義化を先導した繊維産業の拠点でした。

大久保の「殖産興業」政策と密接に関連した分野として、貿易と海運政策を挙げなければなりません。大久保の意図は、当時外国貿易商や外国海運業者によってほとんど独占されていた日本の貿易と海運を、直輸出政策と海運保護政策によって漸次日本の手に回収することでした。

貿易と海運

まず大久保は直輸出政策の第一歩として、一八七六(明治九)年に内務省に設置された勧商局を直接の担当者とし、主要産品である生糸や茶等を輸出することを試みます。これは官営模範農場や官営模範工場に相当する官営模範貿易商社ともいうべきものでした。また大久保は生糸や茶のような既成の輸出産品だけでなく、当局者を派遣して外国の市場調査を行わせ、それに基づいて新しい輸出産品を開発しようとします。最近注目されている事例としては、大久保が維新後外部に流出した正倉院所蔵の裂地《きれじ》を収集させ、それらを参考として外国人の嗜好に合う装飾品のデザインを試みさせたと推測される事例があります。大久保の指示で作成されたといわれる正倉院所蔵の裂地のコレクションが発見され、テレビで公開されました。このように大久保が輸出振興に力点を置いたのは、これによって不利な条件の下で発行された明治初年の外債を正貨の流出を極力抑えながら、償却するためでもあったのです(土屋、同上、四二―四五頁)。

大久保の海運保護政策は、徹底して三菱会社に及ぼされました。大久保は内務省駅逓寮《えきていりょう》に所属していた汽船一三隻を挙げて三菱に付与し、補助金年二五万円を一四カ年にわたって給付することとしました。また廃藩置県後に政府が諸藩所有の汽船を収め、これらをもって組織させた郵便蒸汽船会社が危殆に瀕した時、大久保の提議によってその所有船一八隻を政府が購入し、これらも三菱に付与しました。こうして政府の厚い保護を受けた三菱は沿海航路から外国海運業者を駆逐し、極東海域全域を掌握することになります。大久保は三菱をいわば官営模範海運会社に準ずるものとみなしていたといえるのです（土屋、同上、四五―四七頁）。

こうして大久保は政府主導によって世界市場に適応しうる資本主義的生産様式を造り出していこうとしたのです。

（2）国家資本の源泉としての租税制度の確立

外資導入への消極姿勢

さらに注目すべきことは、政府主導の資本主義化を推進するための財政的基礎の確立です。いいかえれば、安定した国家資本の確保ということです。明治政府は徹底してこれを租税（特に地租）に求め、外資の導入には極めて消極的でした。確かに一八七〇（明治三）年と一八七三（明治六）年とに、それぞれ一〇〇万ポンドおよび二四〇万ポンドを英国から外国債として調達してはいます。前者は鉄道建設、後者は秩禄処分を目的とするものでした。しかしこれら以外には、一八九九(明治三二)年までの二六年間、外国債は一切募集されたことはありません。

このことは、明治日本の経済建設、特に大久保が率先し、松方が継承した初期資本主義化の大きな特徴です。その理由は、もちろん一つは不平等条約に由来する対外信用の低さのゆえに、外国債が利率、手取額、担保について不利な条件を強いられ、事実上その募集の道を閉ざされたからです。しかし同時に、明治政府が外国債の固定化による外国の経済支配を強く警戒し、それが政治支配にまで及ぶ可能性を排除しようとしたからでもあるのです。

幕末に幕府はフランスからの外債によって権力を対内的に強化し、長州藩をはじめ各藩の廃絶によって福沢諭吉のいう「大君之《の》モナルキ」を実現しようとしました。薩長諸藩はこれに反発したのです。幕府内部にも政治的安定の見地から幕藩連合を支持し、幕府権力の絶対主義化に反対する勝海舟に代表されるような意見もありました。外債反対論は反幕府勢力結集の促進要因となったといえます。それは形を変えた「尊王攘夷」論とさえ見ることができるのではないでしょうか。そして幕末の外債反対論は、倒幕派によって形成された維新後の新政権に事実上継承されました。倒幕派の結集に主導的役割を果たした大久保を中心とする新政権の資本主義化路線に、かつての倒幕派の外債反対論が貫かれているのは当然と見るべきかもしれません。

こうして外国資本に依存しない資本主義を確立しようとすれば、自国資本、特に民間資本が十分ではない現状では租税収入を源泉とする国家資本に依存しなければならなくなります。このような必要に応えて立法化されたのが、安定した租税収入を可能にする地租改正法だったわけです。

不平等条約改正という大前提

地租改正について考える場合には、それを促した対外的契機を無視することはできません。それは、不平等条約改正のための必要的前提という意味です。廃藩置県を画期として打ち出された諸法令や諸政策は、いずれもこの意味の対外的契機によって動機づけられていました。地租改正の場合もその例外ではありませんでした。

たとえば一八七一(明治四)年九月一五日付の「三条太政大臣より岩倉外務卿への諮問」には次のように述べられています。「宜《よろし》く従前の条約を改正し、独立不羈《ふき》の体裁を定むべし。従前の条約を改正せんと欲せば、列国公法に拠らざるべからず。列国公法に拠る我国律、民律、貿易律、刑法律、税法等公法と相反するもの、之《これ》を変革改正せざるべからず……」

つまり権力集中のための諸法令・諸政策は対外的契機、すなわち条約改正の必要に対する戦略的考慮を欠くことはできなかったわけで、そのためにはいわゆる「列国公法」、すなわち欧米先進国の法体制の導入が図られなければならなかったのです。地租改正に見られる近代的租税制度の確立も、その一環として意味づけられたといえます。特に地租改正の場合には、関税自主権の確立という条約改正の最重要目的と深く関連していました。条約改正後に期待される関税収入の大幅な増収によって、地租改正がもたらす国家資本は一層増強されることが予測されたからです。

地租収入と農民把握

地租改正前の明治政府の恒常的財源は、幕藩体制下の旧地租でした。それは明治五年度では歳入の四割程度。他は不換紙幣の発行や内外商人からの借入金等に依存しなければならなかった。したがって、それは資本主義化を推進する国家資本の源泉としては不十分でした。そこで明治政府にとっては、国家の財政的基礎を成す新しい統一的租税体系の編成が急務となったのです。その中枢部分が地租改正法でした。それは地券交付によって土地所有者である地租納入者を確定し、税額決定の基準として実質的に地租収入額を予定した地方官の評価に基づく地価を採用することによって、安定的な租税収入をもたらすこととなったのです。たとえば明治一〇年度の歳入中の租税収入の比率は九一・六%ですが、そのうち地租収入の比率は実に八二・三%を占めたのです。

法制史家石井紫郎の見解によれば、幕藩体制においては権力の射程は村落共同体のレベルに止まり、個々の農民のレベルにまでは及んでいませんでした。幕藩領主は、個々の農民がどれだけの面積と生産高の田畑をもっているかは、必ずしも正確に把握してはいなかったのです。検地帳に記載された名請人とは、個々に貢租を納入する農民の意味ではなく、村全体に賦課される貢租を共同で負担する農民の意味をもつものに他ならなかったということです(石井紫郎「幕藩体制社会における土地所有の研究」『日本国制史研究Ⅰ　権力と土地所有』東京大学出版会、一九六六年所収)。

明治政府は地租改正法を通してはじめて直接に個々の農民を把握し、それによって安定した地租収入を基礎とする国家資本の源泉としての租税収入を確保することができたのです。そのことが外国資本に依存しない政府主導の初期資本主義化を可能にした重要な条件でした。

(3) 資本主義を担う労働力の育成

「学制」の意義

国家資本の源泉をもたらした地租改正とともに、比較的に質の高い豊富な若年労働力を供給することによって日本の初期資本主義化に貢献したのは、教育制度、とりわけ義務教育制度の確立でした。

まず一八七二(明治五)年八月から一八七三年四月にかけて、「学制」と称される膨大な教育法令が発布されます。これらは文部省布達一三号をはじめとする四つの文部省布達を総称するものです。「学制」の歴史的意義は、教育の理念として身分制を否定し、一方において国家主義を強調するとともに、他方において個人主義を謳い、かつ両者の結合を図ろうとしたところにあります。「学制」の立法の意図を説明した一八七二年の「文部省伺」には次のように記されています。「国家の以て富強安康なる所以のもの、……一般人民の文明なるによればなり。一般人民文明ならず、たとへ一、二の聖賢ありといへども、文明に関するもの幾何《いくばく》ぞ。」つまり一国の富強は一般人民個々の開明の度合に係わるという認識です。

すでに戊辰戦争直後の一八六八(明治元)年一二月の建言書の中で、明治政府の最有力者である木戸孝允が「元来国の富強は人民の富強にして、一般の人民、無識貧弱の境を離れる能《あた》はざるときは、……世界富強の各国に対峙するの目的も必ず其の実を失ふ」と述べていますが、これは、まさに「学制」立法者の認識と合致します。また「学制」発布と同じ時期に刊行が始まった福沢諭吉の『学問のすゝめ』(一八七二〜一八七六年)にも、「一国の富強」をもたらす前提として、「我日本国人」の「一身の独立」の必要が強調されています。

以上のような意味において国家主義と個人主義とを結合させることの必要については、「学制」発布当時の政府の内外に広く合意が形成されていたと見るべきでしょう。そしてそのようなナショナルな合意が比較的に質の高い労働力を再生産する教育の基盤となり、日本の資本主義化を促進する要因になったといえるのです。

義務教育制と国家主義

「学制」の国家主義的側面が顕著に表れているのは、義務教育制を布き、それを教育の根幹として最重視したことです。「学制」は「大学」「中学」「小学」から成る学校系統を設定し、そのうち小学校は上下二等各四年制として、これを「人民一般必ず学ばずんばあるべからざるもの」「此二等は男女必ず卒業すべきもの」としました。そして文部省は「学制」実施の「着手順序」の第一に、「厚く力を小学校に用ゆべき事」を置きました。これについて文部省は次のように説明します。「世の文明を期し、人の才芸を待つ、之を小学の教の能く広普完整するに求むるにあるのみ。故に力を小学に用ゆること当今着手第一の務とす。」つまり「学制」を貫く教育の理念は、国家が主導する義務教育制において集中的に体現されていたということです。

このような義務教育制を優先する方針に沿って、文部省は地方官を通じて小学校の設置と学齢児童の就学を強力に奨励督促しました。文部省は地方官に対して、「教育の制度を設け、学齢子女を勧誘して、普通の教育を受けしむるは、施政上最欠く可らざる緊務たり」と通達し、さらに「其督励《とくれい》の際、稍強促《ややきょうそく》に渉《わた》るの跡あるも、目して非議と称せざるは識者の通論とする所なり」と職務への勉励を促しました。府県によっては寺社の縁日や祭日の催しを禁止し、その費用を小学校建設に充てたり、警察官に命じて午前八時から午後三時の間、学齢児童であって、理由なく徘徊する者に対して学校に行くよう督促させたりしています。このような中央・地方当局の強力な督励の結果、「学制」は驚くべき速度をもって各地方に浸透していきます。「学制」発布の翌年の一八七三(明治六)年には小学校数は一万二五五八、三年後の一八七五(明治八)年には二万四二二五を数え、二〇一六年現在の一万九九四三を大きく上回るほどにまでいたりました。ただし就学率は男子は明治八年には五〇%を超えましたが、女子はこれに遅れ、明治一〇年代半ば頃までは二五%を超えたことはありませんでした。

女子教員の育成

こうした義務教育制の普及に伴って、それを担う教員の調達が急務になったことはいうまでもありません。文部省が「学制」の実施の「着手順序」として、第二に「速に師表学校を興《おこ》すべき事」としたのは当然でした。こうして一八七二(明治五)年に東京に師範学校が設立され、一八七四年には同じく東京に女子師範学校が設立されます。

特に女子教員養成のための教育機関が早期に開設されたことの意義は大きいものがあります。山川菊栄《やまかわきくえ》の『おんな二代の記』によると、山川菊栄の母青山千世は女子師範学校の第一回卒業生でした。一八七五年に入学し、一八七九年に卒業しています。一八七五年七月に初めて行われた入学試験では、受験者は三百余人、合格者は七十余人でしたが、受験資格は一四歳以上というだけで、入学者の年齢も学力も全くまちまちでした。『おんな二代の記』の中で青山千世は、入学者たちの顔ぶれについて、「一四、五歳のあどけない少女から切髪姿の未亡人、小学教員の経験者さえあるといふふうでした」と回想し、「入学試験を通った者でも、漢詩や和歌を作ることはできても、アラビア数字は入学試験ではじめて見た者が多い位でした」と言及しています。入学者七十余人中、四年後に卒業できた者は一五人だったといわれます。

中村敬宇の思想

当時の女子師範学校の教育方針は、一八七五(明治八)年一一月から一八八〇(明治一三)年五月まで校長代行(摂理嘱託)を務めた中村敬宇《なかむらけいう》(正直《まさなお》)の思想を反映して、必ずしも教育目的を狭義の教員養成に限定せず、高等普通教育(liberal education)を目的としていたといわれます。

中村敬宇

こうした敬宇の考え方は、一八七五年三月一六日付「善良なる母を造るの説」(『明六雑誌』第三三号)に見ることができます。そこにはこうあります。

「男女同権の弊を気遣ふは教育なき婦人の亭主を尻にしくを怕《おそ》るるに過ぎず。……同権か不同権か、それはさておき、男女の教養は同等なるべし。二種あるべからず。苟《いやし》くも人類総体をして極高極浄の地位を保たしめんと欲せば、宜しく男子婦人共に皆一様なる修養を受しめ、其をして同等に進歩をなさしむべし。」

ちなみに敬宇は「良妻賢母」ということばを初めて使ったといわれています。それは後年頻用された女性の修身的鋳型としての「良妻賢母」の意味ではなく、自ら独立した市民として次代の独立した市民を育てる能力を持つ女性を意味していました。青山千世は敬宇を回想し、「先生は英雄が嫌いで、英雄が出れば、民を塗炭の苦にあわせる、男子にしてしかり、時あってか女英雄も出るが、女英雄たらんよりは賢母良妻たれというのがその持論でした」と述べています。つまり、敬宇の「良妻賢母」は女性市民を表現したことばだったのです。だからこそ敬宇は「良妻賢母」を女性教育の理想像として掲げ、そのために女性の高等普通教育の必要を唱えたのでした。

敬宇は幕末に幕府から留学生の監督者として英国に派遣され、ロンドンで自ら英語の習得に努め、幕府の教学を担う御儒者であったにもかかわらず、小学校のクラスに参加することさえありました。そのときに、知識水準の高い女性教員のいることに強い感銘を受けたのでした。そのことが日本における女性教育（特に女性教員養成のための高等普通教育）への敬宇の志向を強めたのでしょう。

個人主義と実学主義

義務教育制に現れた「学制」の国家主義的側面の反面が、その個人主義的側面です。教育の目的における個人主義と内容における実学主義といってよいでしょう。「学制」とともに公布された「被仰出書《おおせいだされしょ》」は、学校教育の目的について「人々自ら其身を立て、其産を治め、其業を昌《さかん》にし、以《もっ》て其生《そのせい》を遂《と》げ」るために、「身を修め、智を開き、才芸を長ずる」ようにしなければならない、と謳っています。「学問は身を立るの財本ともいふべきもの」というのが基本命題です。要するに個人が「其生を遂げる」ことが教育の目的価値であり、学校はそのための手段価値（「身を立るの財本」）を提供することを任務とするというのです。

こうした教育の目的における個人主義は、教育の内容を規定することになります。教育の内容は「日用常行言語書算を初め、士官農商百工技芸及び法律政治天文医療に至るまで、凡《およ》そ人の営むところの事」でなければならない。つまり市民生活に必要な「実学」でなければならないとされるのです。

以上のような教育の目的とそれに沿う内容は、少なくとも事実上福沢諭吉をはじめとする明治初期の啓蒙思想の立場と合致しています。おそらくその影響を実際に受けたものであることが想像できます。そのことは、たとえば福沢の『学問のすゝめ』初編（一八七二年）をはじめ、当時の啓蒙書のいくつかが小学校において教科書に採用されていることからもうかがわれます。

こうして「学制」はその理念において身分主義を否定し、国家主義と個人主義とを結合することによって一方で教権の強化と集中(官僚化)を図るとともに、他方で国民各個人の主体的能動性の開発(自由化)を進めようとしようとしました。それは本来矛盾を孕《はら》んだ課題を自らに課したことを意味するものでもありました。したがって明治一〇年代後半以降、教育における官僚化と自由化との同時進行は、明治政府と自由民権運動との対決によって止まらざるをえなくなったのです。

いずれにせよ、「学制」によって始まった日本の義務教育制度が、日本に資本主義を成立させる必要条件の一つとしての一定の質を有する均質的な労働力の供給を保証したことは疑いないことです。

(4) 対外平和の確保

グラントから明治天皇への忠告

すでに述べたように、外国資本(特に外債)に依存しない自立的資本主義形成を可能にしたもう一つの要因は、維新後幾多の対外的危機を外交的に処理しながら、四半世紀以上にわたって対外戦争、特に日清間の戦争を回避し、平和を維持したことです。自立的資本主義を志向する明治日本の経済的ナショナリズムと平和とが不可分であることは、国家の頂点に立つ明治天皇の確信でした。このような明治天皇の確信の形成に大きな影響を与えたのは、一八七九(明治一二)年に来日した米国第一八代大統領ユリシーズ・グラント(いわゆるグラント将軍)が天皇に対して行った直接の忠告です。

グラントはリンカーン大統領の下で北軍総司令官として南北戦争を北軍の勝利に導いた将軍で、南北戦争後一八六八年に大統領に選出され、一八七二年に再選されました。彼の大統領第一期任期中の一八七二年一月には、訪米した岩倉使節団をワシントンDCに迎え、現職大統領として使節団一行を厚く接遇しました。彼は大統領任期終了後、一八七七年に政府から専用の軍艦を与えられ、二年間に及ぶ世界旅行の途に上り、ヨーロッパ大陸、アイルランド、エジプト、インド、中国を経て、一八七九年六月二一日長崎に到着。長崎から瀬戸内海航路を経て横浜に上陸し、東京に入ったのが七月三日でした。以後日本には国賓として二カ月滞在し、七月八日には右大臣として天皇側近にあった岩倉からも昼食会に招かれ、七年半前のワシントンDC以来の再会を果たしました。

ユリシーズ・グラント

グラントは出国を前にして、同年八月一〇日に天皇に会見します。そこで天皇はグラントに対して、日本のための忠告を求めましたが、その際グラントが与えた忠告の一つが外債への非依存でした。日本側の記録によれば、グラントは「凡《およ》そ一国に於て避くべきものは外債に過ぐるものなし……試に埃及《エジプト》西班牙《スペイン》或は土耳斯《トルコ》を観よ……彼れ一国の鴻益《こうえき》となるべきものは孰《いず》れも抵当となし、其極今日に至ては其自国の所有と称すべきものは全く地を払ひたり……日本の〔外債の〕甚大ならざると聞き之を喜べり。……将来日本は決して再び外債を起すべからず」という忠告を与えたのです。

こうしたグラントの外債に対する不信感は、彼が北軍を指揮した南北戦争の体験に由来していると思われます。英国が南軍を支持し、北軍側は戦費を外債によって調達することができず、内国債に依らざるをえませんでした。こうしたことから、グラントは外債を、その引受発行国(ないしその能力を有する国)による直接的ないし間接的内政干渉と不可分のものとしてとらえていたのではないかと考えられます。

日清間の戦争の危険性

さらにこの点について、グラントは明治天皇に対して次のように述べています。「或る国は弱国に金を貸すことを甚だ好めり。之に由《よ》て其威権を張り弱国を籠《ろう》絡《らく》せり。彼金を貸すの目的は政権を掌握するに在《あっ》て、常に金を貸すの好機会を窺《うかが》へり。凡そ東洋に於て外国の支配或は干渉を漸《ようや》く其半を免れたるものは、独り日本と清との両国のみ。故に此両国が干戈《かんか》を交ゆるは彼等の喜ぶ所にして此機会に乗じ専横の約束を立て金を貸し恣《ほしいまま》に内国の政治に干渉せんと欲するなり。」

　ここでグラントはあえて日清間の戦争を想定し、そのような事態が両国の戦費調達のための外債発行を通じてヨーロッパ諸国の両国に対する内政干渉を誘発する危険を強調しています。一八七四(明治七)年五月、台湾に漂着した琉球漁民に対する現地民の殺戮事件を理由に、日本は台湾出兵を行いますが、そのとき以来、日清間には琉球の帰属をめぐって、戦争の危機を孕《はら》んだ対立関係がありました。特にグラント来日の年(一八七九年)に日本が強行した、いわゆる「琉球処分」は日清間の戦争の危機を極点にまで高めました。

　グラントは訪日に先立って、清国において二人の外交責任者と会見しています。清国の外交機関である総理衙門《そうりがもん》の創設者で、最高責任者であった皇帝の弟恭親王《きょうしんのう》、それに天津駐在の直隷総督兼北洋大臣であった李鴻章《りこうしょう》の二人ですが、彼らから琉球をめぐる日清関係の現状について清国側の見解を聴取していました。二人は、いずれもこの年の三月から四月にかけて日本が強行した琉球王国の廃絶とその沖縄県への移行、軍隊の派遣による首里城の接収と琉球国王の東京への移住、その華族身分への編入に強く反発していました。従来清国は琉球を保護国とし、琉球国王の朝貢を受け入れて来たわけですが、彼らは、そのような清国と琉球王国との伝統的な国際関係を日本が軍事力によって葬り去ったとして、清国と日本との間で戦争に発展しうる危険性をグラントに訴えたのです。その上で両者は、訪日を前にしたグラントに対して、清国の要望に沿った琉球問題の平和的解決、つまりそれは日本による「琉球処分」前の中華帝国的国際秩序の復活ということですが、それに向けて日清間の調停ないし介入を要請したのでした。

グラントが明治天皇との会見で外債への非依存の必要を強調したのは、それが日清非戦論と結びついていたからです。以後グラントの忠告は、明治天皇の政治的信条となりました。後年明治天皇が日清開戦に消極的であり、また日清戦争後の財政の方針として外債への非依存を貫くよう侍従長を通じて当時の松方蔵相に指示を与えたのも、一五年前のグラントの忠告に基づく明治天皇の政治的信条から出たものだったのです。

やしまの「うち」と「そと」

ところで、明治政府が沖縄を含む日本の領土観念を義務教育を通して国民に定着させようとする試みが、「琉球処分」(そしてグラント訪日)の翌々年、一八八一(明治一四)年一一月に発行された文部省教科書『小学唱歌集初編』所収の「蛍の光」(原題「蛍」)の四番の冒頭の歌詞に見られます。「千島のおくも、おきなわも、やしまのうちのまもりなり」というものです。現在ではこの歌詞はほとんど歌われることはないと思いますが、当時の国民に対して、北の千島、南の沖縄によって画される南北の国境を明確にする意味があったのです。

ちなみに、この歌詞は当初「千島のおくも、おきなわも、やしまのそとのまもりなり」となっていたといわれます(山住正己『唱歌教育成立過程の研究』東京大学出版会、一九六七年)。「千島」および「おきなわ」と日本とのアイデンティフィケーションを強めるために、歌詞を書き改めたのでしょう。

大久保利通の台湾出兵の収拾

さかのぼって一八七四(明治七)年二月に勃発した江藤新平を首謀者とする佐賀の乱を鎮圧した後、同年八月、大久保利通は台湾出兵の外交的処理に当たるため日本を出発して、九月に北京に入ります。そして、曲折した交渉を経て、一〇月三一日に清国との間で協定調印にいたりました。この交渉に際して、大久保に随行した外国人法律顧問ギュスターヴ・ボワソナードの大久保への献言をはじめて資料としてとりあげ、交渉を分析した最新の研究として、大久保泰甫『ボワソナードと国際法——台湾出兵事件の透視図』(岩波書店、二〇一六年)があります。

清国側は、遭難した琉球漁民が日本の国家主権の下にあることを理由として強行した日本の出兵の正当性を認め、これを「義挙」とし、併せてさまざまな名目で総額五〇万両を償金として支払い、日本は清国側のこれらの処置と引き換えに全面撤兵することを約したのです。これによって日清間の戦争は回避され、事態は収拾されました。自立的資本主義路線を先導した大久保は、それを貫くために必要な対外平和の維持を、士族反乱の圧伏に対する反発によって脅かされる国内平和に優先させ、外交家として全力をその目的に投入したのです。

条約調印が行われた一〇月三一日付の日記に大久保は、「終《つい》に今日和議成、条約調印相済み、実に安心無此上《このうえなし》。且《かつ》聊《いささか》任命を全ふするを得、只々国家の為可賀之至《ためがすべきのいたり》。是迄《これまで》焦思苦心言語の尽す所にあらず、生涯又如此《かくのごとき》ことあらざるべし。……此日終生不可忘《わするべからず》なり」との感慨を吐露しています。翌一一月一日、大久保は帰国の途に就き、北京を離れましたが、その日の日記にも、「北京を発し、自ら心中覚快《かいをおぼゆ》。嗚呼《ああ》如此大事に際す、古今稀有の事にして、生涯亦《また》無き所なり」と書き入れて達成感を新たにし、それとともに、「往事を思、将来を考、潜《ひそか》に心事の期するあり」との自信を未来に馳せています。

大久保の絶頂とその終わり

それから二年後の一八七六(明治九)年五月、当時内務省駅逓頭であった前島《まえじま》密《ひそか》が内務卿大久保を自邸に訪い、持参した絹に揮毫を求めたのに対し、直ちにこれに応じて大久保が墨書したのが北京からの帰路の船中の心境を詠んだ七絶でした。「奉勅単航向北京　黒煙堆裏蹴波行　和成忽下通州水　閑臥蓬牕夢自平　下通州　甲東」(「天皇の命を奉じてひとえに航して北京に向う。黒煙うずたかくわだかまる中を波を蹴って行く。和が成ってたちまち通州港外の水を下る。蓬窻(船室)に閑かに臥すれば、夢は自ずと平らかである。

通州を下る　甲東(大久保の号)」)がそれです。前島の自伝『鴻爪痕《こうそうこん》』四として収められた前島の口述(吉田東伍筆記)によれば、揮毫に際し、大久保はこの七絶を選んだ理由について、「先づ是れ迄には此れ許り《ばか》(是迄得意と思ふはこれのみと云ふの意)今後もなかるべし」と独語しつつ、筆を置いたといわれます。自ら認めるように、北京条約に調印し、日清間の戦争を回避する結果を得た一八七四(明治七)年一〇月三一日の時点が、大久保の政治的生涯の頂点であったというべきでしょう。そして同時にこれによって大久保は、自ら主導した自立的資本主義路線を可能にする対外平和を購うことができたのです。

この大久保の七絶の原形は、一一月二日付の日記に書き入れた「舟中偶成」と題する二首のうちの一首です。その起句は「星使乗龍馳北京」という華麗な自己像を顕示するものでしたが、大久保は後にこれを改め、「奉勅単航向北京」を起句としました。二年後の一八七六年に前島密に与えた揮毫は、この修正さ

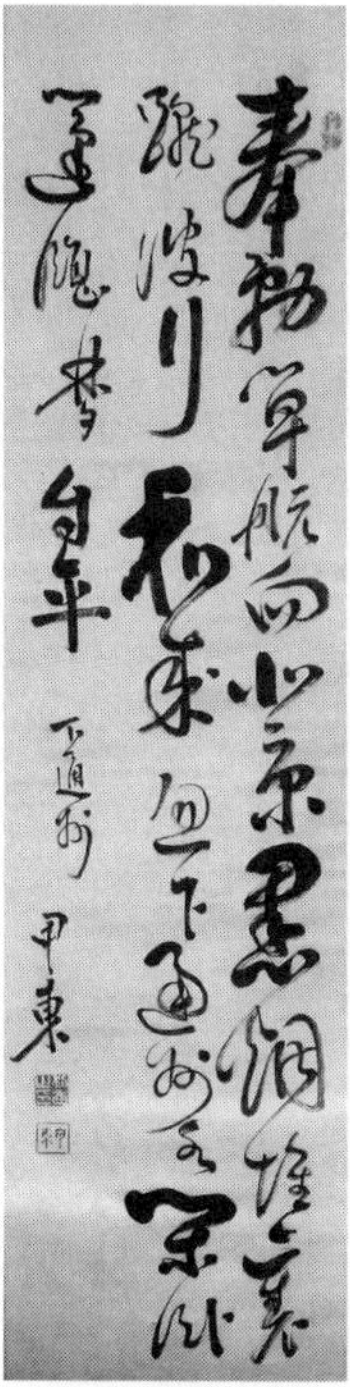

大久保利通の七絶
(前島密旧蔵)

れた起句を書したものというわけです。

こうして一八七四年に政治家として絶頂を極めた大久保は、その四年後の一八七八（明治一一）年五月一四日朝、当時太政官が置かれていた赤坂仮御所（現在の迎賓館）に馬車で登庁中、紀尾井坂の清水谷付近で、待ち伏せていた石川県士族島田一郎ら六人の暗殺者たちに襲撃され、突然生涯の幕を閉じることになります（事件とその背景については、遠矢浩規『利通暗殺』行人社、一九八六年、にくわしく記されています）。暗殺理由を記した「斬姦状」にはその一つに「外国交際の道を誤り以て国権を失墜す」とあります。具体的にはそれが日清間の妥協的平和に導いた台湾出兵の善後処理に対する批判に発していたことは疑いえないでしょう。

西郷隆盛の憤懣

なおその前年（一八七三年）、大久保らとの征韓論争に敗れて下野していた西郷隆盛は、大久保による対清交渉が結局決裂に到らず、妥協によって事態が収拾されるであろうことを見通していました。大久保が北京に向かって出発した後、西郷が共に下野した薩摩の同志篠原国幹《しのはらくにもと》に宛てて送った書簡によれば、「破談に及び候気遣ひはこれある間敷《まじく》と相考え申し候。夫故大久保も出立候はん」というのが西郷の見解でした。西郷は書中、「和魂の奴原《やつばら》、何ぞ戦斗の事機を知るべきいわれこれなしと相考え申し候」という辛辣な文言を交渉に臨む大久保に投げかけています。

この西郷書簡を引用して、大久保の北京における交渉の結末を描いた歴史家萩原延寿《はぎはらのぶとし》は、西郷の大久保に対する抑えることのできない憤懣について、次のように書いています。「「和魂の奴原」（平和好きの連中）、すなわち、大久保に対する嫌味とも侮辱とも呼べる感情がはげしいことばに乗って噴き出している感がある。……西郷の手紙にしてはめずらしく、何かにごった読後感を残す文面であることは否定できない」（萩原延寿『北京交渉　遠い崖――アーネスト・サトウ日記抄一一』朝日新聞社、二〇〇一年）。

大久保暗殺を決行した島田一郎らは西郷の征韓論に共鳴し、その敗北と西郷の下野に憤激し、さらにその反乱を支持しました（遠矢、前掲）。台湾出兵の善後処理についても、西郷のいう「和魂の奴原」としての大久保の交渉による平和に強い不満をもち、それが大久保暗殺の理由の一つとなったといえるでしょう。

ちなみに萩原が言及しているように、当時台湾出兵を主導すべき参議兼海軍卿であった勝海舟は、台湾出兵そのものに反対し、閣議への出席を拒否しました。その理由は、台湾出兵が日清戦争の導火線となりうる事態への危惧と、戦争勃発の場合の外債やインフレによる国家財政への危機的影響でした。これは、それから五年後にグラントが台湾出兵に原因する日清両国間の衝突の危機に際して、明治天皇に対して行った忠告の内容と一致します。明治天皇がそれに強く動かされたことはすでに述べた通りです。明治天皇は後の日清戦争に対して、少なくとも開戦当初はきわめて消極的であり、また戦後の国家財政に対しても大きな憂慮を抱いていました。勝海舟は後に公然たる日清戦争反対論を主張しましたが、その論拠は、台湾出兵反対論の中に見ることができるのです。

3　自立的資本主義の財政路線

松方財政の二本柱

以上に述べたように、大久保によって先鞭がつけられた明治国家の自立的資本主義は、消極的外債政策、保護主義的産業政策、そして対外的妥協政策によって特徴づけられます。この一国資本主義を財政の上で実質化したのが、明治一四年(一八八一年)の政変によって登場した経済リーダーとしての大久保の後継者松方正義の財政でした。

松方は明治一四年の政変前に財政を担当していた大隈重信の基本路線を根本から転換します。大隈は不換紙幣増発の形で行われた西南戦争の戦費調達や「殖産興業」政策に伴う財政支出に原因する正貨不足に対応するために、巨額の外債発行を提案していました。これに対して、大隈を政府から追放した明治一四年の政変後、大隈に代って財政を担うこととなった松方は、まさに明治天皇に対するグラントの勧告をなぞるかのように、不平等条約体制の下で外債に依存することの危険をエジプト、トルコ、インド等の先例を挙げて強調したのでした。

松方が外債発行に代わる選択肢としてとったのは次の二つです。第一は、いわゆる超均衡財政の強行です。すなわち一方で厳しい緊縮政策を行い、歳出の抑制を行うとともに、他方で増税を行い、できるだけの歳入剰余をつくり出そうとします。そしてつくり出された歳入剰余をもって、不換紙幣の償却と正貨準備繰入れに充てたのです。松方財政は後年の井上(準之助)財政と並ぶ、あるいは太平洋戦争後の占領政策の一環として強行された緊縮政策としてのドッジ・ラインと並ぶ、日本財政史上例外的なデフレ財政でした。

松方正義

松方がとった第二の選択肢は、積極的正貨供給政策です。政府の「準備金」という名目の財政資金を運用することによって、一種の貿易管理および為替管理政策を行い、正貨準備の増大を図ったのです。これは政府が「準備金」からの資金を輸出業者に紙幣で貸し付け、輸出業者が売上代金を外国で受領した時に、それを政府系の対外金融機関である横浜正金銀行を通して外貨で回収するというものでした。この仕組みによって政府は紙幣を外貨に換え、正貨の蓄積を進めたのです。これに加えて、政府は積極的に官営貿易を進め、この面でも正貨の吸収を試みました。こうして松方の大蔵卿就任(明治一四年一〇月)前、八六九万円にまで激減していた正貨保有高は、大蔵卿就任から約三年後の一八八五(明治一八)年には四倍超の三八三二万円に増大するにいたりました。

以上二つの財政政策に加えて、松方は一八八二(明治一五)年の日本銀行設立による信用体系の整備を進め、大蔵省札という形で政府が自ら発行していた紙幣や、他の国立諸銀行も発行していた紙幣を漸次日本銀行券に一本化し、財政と金融との分離を進めました。こうして松方財政は外債に依存せずして、正貨準備を増大させ、通貨価値の安定と信用制度の確立をもたらしました。そして同時にそのことを通して、明治一四年の政変による明治政府分裂が引き起こした政治的危機の克服に貢献したのです。

政府主導の産業化路線と前田正名

なお、一八八一(明治一四)年四月には内務省勧農局と大蔵省勧商局とを分合して新たに農商務省が発足しますが、これは必ずしも旧来の政府主導の保護主義的産業政策を拡大発展させる拠点とはなりませんでした。大久保歿後内務省勧農局長の任にあった松方は、大久保時代の官営施設の廃止や民営化を示唆しており、その方針を勧業政策全般に及ぼしていったのです(梅村又次・中村隆英編『松方財政と殖産興業政策』国際連合大学、一九八三年、第八章)。松方財政の基本路線は農商務行政にも貫かれたといえます。

農商務省内部には「興業意見」の原案を起草した薩摩出身の前田正名のように、大久保の薫陶を受けた後進として政府主導の産業化路線を継承し、それをさらに拡大発展させようとする強い志向も見られました。前田は農商務省をその推進機関として改革することを試みます。特に前田は農商務大書記官として書記局への権限集中を図り、あわせて府県の産業行政への農商務省進出を強行しようとしました。これが省内および省外における抵抗を惹起し、前田は一八八五(明治一八)年一二月、強固な反薩長感情をもつ谷干城《たにたてき》農商務大臣によって非職処分に付され、一旦省外に去らねばならなかったのでした(梅村・中村、同上)。

前田正名

前田の在任中、四歳年少の高橋是清は、農商務省にあって「興業意見」起草中の前田の部下として調査課長を務め、前田の直接の指導を受けていました。高橋は前田に深く共鳴し、その影響は後年の財政経済リーダーとしての使命感や価値観にも及びました。原敬《はらたかし》を首相とする政友会内閣の大蔵大臣となった高橋は、その自伝の中で「原内閣時代でも「君はいつも根本とか国家とかいふ事ばかりいふ」といはれたが、それは農商務省で前田君に始めて会つた時に感じた事が因をなしてゐる」と書いています。

前田と原の確執

前田は非職後山梨県知事を経て一八八九（明治二二）年二月に工務局長として農商務省に復帰し、その後農務局長や農商務次官を歴任しました。その間、後の首相原敬もまた農商務省にあり、同省において前田と遭遇しています。しかし原は高橋とは対照的に省内行政において前田と反目しました。原は駐仏公使館書記官在勤後、明治二二年四月、当時の農商務大臣井上馨《いのうえかおる》の推挽を得て、農商務省参事官として同省に転じました。その後、原は井上の後任となった岩村通俊《いわむらみちとし》農商務大臣の下で大臣秘書官を務めますが、前田やその支持者たちのグループによって活動の範囲を制限され、十分に驥足を展ばすことができませんでした。当時の原はその日記に、前田と前田派に対する憤懣を縷々次のようにかこっています。

「井上伯職を辞して以来省中の形勢一変し一種の党派を生じ（余等は之をカタマリ連と称せり）、次官前田正名を推して党頭とし、……老人共何事か頻《しき》りに企図せり、……余の如き秘書官は事務に関与せざるを可とすなどゝ云ふ口実の下に全く閑地に置かれ、些少の俗務の外に用事なく、出省して終日各新聞を閲読し小説三面記事まで精読するのみ、不平もあれど拠《よんどころ》なし、余と同一の境遇にある者省中に多く彼党派以外の者即省中官吏殆んど半数は全く用事なし」

(『原敬日記』第一巻、福村出版、一九六五年、明治二三年二月二四日の条)。

その後三カ月足らずを経て、岩村農商務大臣は病気によって辞任しますが、原は秘書官としてもう一つの辞任理由が前田次官にあると推測し、「次官前田等が小党派を結んで種々の画策をなし、……是れも辞職の決心をなしたる一原因と思はるゝに因り強《しい》て之を留むるに忍びず」(同上、明治二三年五月七日の条)と記しています。明治一〇年代後半の農商務省において産業化政策推進とそのための農商務省改革に没頭する前田の情熱と使命感に感奮した高橋とは異なり、原は、明治二〇年代の農商務省における前田および前田派を単なる守旧派としての薩派以上のものとは見ず、一度は現状を「他日為すあるの基を立つる事能《あた》はず」(他日何かをなすことができる基礎をつくることができない)と判断し、農商務省を去ることを決意するのでした。

このような状況を一変させ、原の前途を開いたのが、駐米公使から岩村の後任者となった陸《む》奥宗光《つむねみつ》の農商務大臣就任でした。陸奥は原に秘書官留任を求め、その上秘書官の省内行政における権限を拡大したのです。「官吏の進退身分に関する事総《すべ》て秘書官の事務となりしに因り余銓衡委員を命ぜらる」(同上、明治二四年五月二四日の条)とあるのがそれです。そして陸奥就任の一三日後には前田は次官を辞任します。原は自ら準備した官制改正によって事実上人事権を掌握し、一方で省内の前田派を非職に追いこみます(原の明治二三年六月二一日付の日記の記事によれば、「老朽を淘汰せしなり」)。それとともに、他方で原亀太郎《はらかめたろう》(原嘉道《はらよしみち》、後の司法大臣、枢密院議長)ら五人の法科大学新卒予定者を試補として採用しました。その理由を「近頃大学生を採用する事尠《すくな》きに因り有為の少年を追々仕込まんと欲したるに依れり」(同上、明治二三年六月九日の条)と記している。要するに原は陸奥と同じように反藩閥

原敬

感情を抱きながら、それを長派の井上馨や伊藤博文にではなく、もっぱら薩派の前田正名に投射し、それを排除するために人事政策としての「老朽淘汰」「新進採用」を主たる政治戦略としたのです。

なお原は農商務省への前田の復活の可能性を根絶するために、前田が次官在任中校長を兼任していた農商務省管轄の農林学校を文部省に移管し、帝国大学農科大学とする工作をも行いました。その政治戦略的意味について、原は明治二三年六月一三日付の日記に詳細に記しています。

農林学校長は去月三〇日次官前田正名辞職後欠員となり居りたり。……(此学校)一種の薩

摩学校の如き風をなし甚だ妙ならず、既に前田辞して以来林、農、獣医の三学科長等前田の校長に復任せん事に奔走し、……陸奥大臣に懇願せしも採用されず、已《や》むなく薩人（元老院）議官海江田信義《かいえだのぶよし》を校長になさんとて運動せり。以て薩摩学校の如き一端を知るべし。……前田が農林学校に縁を繋ぎ居りて他日大臣たらんとするの野心あり、窃《ひそ》かに教員等を使嗾《しそう》して運動せしむるものなりとの評判すらなす者あり、兎《と》に角《かく》同校は農商務省に属し居るよりは学問の系統上に於ても文部省に属する方適当にして且つ得策なるに因《よ》り此処分をなしたるなり、……而《しか》して決行までは何人も之を知らず、全く突然に出たり。

このように、農商務省管轄下の農林学校を文部省に移管し、帝国大学農科大学たらしめたのも、原の意図は農商務省における薩派の拠点の一掃にあったと見ることができます。ちなみに高橋是清は農商務省において特許局長在任当時、農林学校長を兼任していました。高橋の親薩派・親前田派的位置を知ることができるでしょう。

大久保後の二つの路線

さて、話を元に戻します。明治一〇年代後半の農商務省において、全盛期の前田が構想した「興業意見」原案を青写真とする政府主導の積極的産業化は実現しえたのでしょうか。結論からいえば、松方の非外債政策を前提とする以上、産業化政策を推進するための産業資金の安定した供給源を欠き、結局松方の緊縮財政の要請によって潰えざるをえませんでした。大久保をその非外債政策において継承した松方と、同じく大久保を積極的産業化政策において継承した前田とは、大久保歿後においてはそれぞれの路線が相容れなかったのです。

明治一四年の政変後に再編成された明治政府において、財政危機の収拾によって財政経済リーダーとしての地位を確立した松方が、成案となることなく未定稿に終った「興業意見」原案において、産業金融機関としての「興業銀行」の融資による輸出産業の振興や交通手段の開発を説いて松方のデフレ政策を批判した前田を圧伏したのです。

4 日清戦争と自立的資本主義からの転換

松方による外債導入

不平等条約下の日本の自立的資本主義が転換する画期となったのは、日清戦争でした。一八九四(明治二七)年八月一日の日清開戦に先立って、七月一六日に日本は日英通商航海条約に調印し、領事裁判権の廃止による司法権回復と輸入関税引き上げへの道を開きました。これが不平等条約解消の第一歩となった第一次条約改正です。これが実施されたのは五年後の一八九九年でしたが、この年、日本は実に一八七三年以来、二六年ぶりに外債の新規募集に踏み切りました。当時そのイニシアティヴをとったのは、第二次山県(有朋)内閣の松方蔵相でした。かつての松方財政は日清戦争後、松方自身によってその基本路線を転換したのです。

明治天皇の日清戦争観

ちなみに明治天皇は日清戦争勃発後の一八九五年四月二一日、徳大寺《とくだいじ》実則《さねつね》侍従長を通じて松方大蔵大臣に対し、戦後財政の基本方針について一つの指示を与えています。それは戦後の歳入財源として外債を回避すべきであるという天皇の年来の所信でした。侍従長が松方に伝えた天皇の「御沙汰」とは次のようなものでした。「戦争之《の》結果として、陸海軍拡張論も起るべく、又占領地の費途も可有之《これあるべき》に付《つき》、巨多之金額を請求あるとも大蔵の基礎を確定せられ外国債を不起《おこさず》、内国債にて弁償相成候儀《あいなりそうろうぎ》、肝要と被思召候《おぼしめされそうろう》、……外債を起す之弊害は、先年グラント将軍意見言上も有之《これあり》。」(大久保達正監修『松方正義関係文書』第八巻、大東文化大学東洋研究所、一九八七年)

これは一六年前のグラント元米国大統領の忠告によって鼓吹され、維持してきた天皇の強固な所信でした。このような明治天皇の直接の指示を受けたにもかかわらず、日清戦争後において松方財政の基本前提であった非外債政策は根本的な転換を遂げたのです。明治天皇の所信は変わらなかったが、松方の所信が変ったということです。日清戦争勃発当初、伊勢神宮への開戦報告のための勅使差遣《さけん》について、天皇の勅裁を仰いだ土方久元《ひじかたひさもと》宮内大臣に対して、天皇が憤激をもって日清戦争を「臣下が起した戦争」と断じたという事実が『明治天皇紀』第八巻に記載されていますが、こうした天皇の日清戦争そのものに対する消極的(ないし否定的)態度と、戦時財政に指導的役割を果たした松方の日清戦争観との間には大きな違いがあったと見ることができます。

国際的資本主義へ

以上に述べたように、経済的ナショナリズムの体現ともいうべき日清戦争前の非外債政策を基本前提とする自立的資本主義は、日清戦争後日本が非外債政策を放棄することによって一変します。それを可能にしたのは、条約改正による関税収入の増大と戦争の償金による金本位制の確立に伴って外資導入を有利にする条件が整えられたことです。いいかえれば、不平等条約からの部分的離脱と日清戦争の戦勝とが日本の経済的な対外信用の増大をもたらしたのです。このような状況の変化に対応して、日本の資本主義の外資依存度は、外債依存度をはじめとして顕著に増大していきます。ここに日本の資本主義の第二の類型として国際的資本主義が登場することになります。この類型的発展をさらに本格的に促進したのが日露戦争でした。

5　日露戦争と国際的資本主義への決定的転化

漱石の見た借金国日本

日露戦争が一九〇四(明治三七)年二月一〇日に開戦されると、二月一七日の閣議において二〇〇〇万ポンドを限度とする戦費調達のための外債発行方針が決定されました。そして、当時、日本銀行副総裁であった高橋是清が募債交渉と契約締結のために、ニューヨークとロンドンに派遣されます。高橋は翌年二月、職務遂行のために新設された帝国政府特派財政委員に任命されました。爾来三年間にわたる高橋の海外活動において外債発行回数は六回、外債総額は一億三〇〇〇万ポンド(一三億円)に及びます。これら外債の累積によって、日本の外債依存度は質量ともに日露戦争前に比べて、飛躍的に増大したのです。

そのことの意味について、夏目漱石は一九〇九(明治四二)年に『東京朝日新聞』に連載中の小説「それから」の中で、主人公の長井代助に次のように言わせています。

日本ほど借金を拵《こし》らえて、貧乏震いをしている国はありゃしない。この借金が君、何時になったら返せると思うか。そりゃ外債位は返せるだろう。けれどもそればかりが借金じゃありゃしない。日本は西洋から借金でもしなければ、到底立ち行かない国だ。それでいて、一等国を以て任じている。そうして、無理にも一等国の仲間入をしようとする。だから、あらゆる方面に向って奥行を削って一等国だけの間口を張っちまった。なまじい張れるから、なお悲惨なものだ。牛と競争をする蛙と同じ事で、もう君腹が裂けるよ。(『東京朝日新聞』明治四二年七月二九日、『朝日新聞』二〇一五年五月一八日再掲載)

国際的資本主義の様相

これが当時夏目漱石の眼に映った日本の国際的資本主義の現実でした。第一に外債は量的に六倍以上に膨張したのみならず、既発の外債はその借換えの必要から新たな外債を呼ぶ誘因となり、日本の財政と経済における外債依存を固定化しました。さらに戦争によって獲得した南満州権益等は、その維持のために外債依存の必要をますます強めることになりました。そのことは日本が国際金融網やそれと密着した国際政治網に包摂されることを必然にしたのです。

また第二に日露戦争前は英国にのみ限られていた募債の対象が、日露戦争を画期として拡大し、英国のみならず米独仏三国にも及ぶにいたります。一九〇四年五月の第一回六分利付公債発行に際して、米国銀行団がクーン・レーブ商会（Kuhn Loeb & Co.）の主宰者でドイツ系ユダヤ人であるJ・H・シフ（Jacob H. Schiff）のイニシアティヴによってこれに協力して以来、米国銀行団は爾後四回の発行引受を行います。さらに一九〇五年七月の第二回四分半利公債発行引受に際しては、英米とともにドイツ銀行団がこれに加わりました。これはシフの縁戚に当たるハンブルグの銀行家M・ワールブルグ（Max M. Warburg）のイニシアティヴによるものでした。また日露戦争終了後の一九〇五年一一月発行の四分利付公債では、英米独とならんでロシアの同盟国フランスの銀行団もまたこれに参加しました。さらに一九〇七年三月には、一九〇五年の第一回および第二回六分利付公債一二〇〇万ポンドの借換えのために、五分利付公債二三〇〇万ポンドが発行され、フランス銀行団は英国銀行団と均等にこれに参加しました。これは同年六月に成立した日仏協商、それから七月に成立した日露協商と密接な因果関係をもっていました。既成の露仏同盟と日英同盟とを結びつける英露協商実現への布石として日露および日仏協商実現を期したフランスは、当時難航していた日露交渉を促進するために、その妥結を公債発行引受の条件とし、その見通しが得られたところでフランス政府はフランス銀行団による日本の公債発行引受を承認したわけです。

日露戦争を画期として日本の外債依存度は量的および質的に増大していくわけですが、その過程において、またその結果として、高橋是清をはじめとする国際金融家を登場させました。すでに述べたように、高橋は大久保利通が先導した不平等条約下の自立的資本主義の胎内で育てられた経済専門家であり、その価値観と思考様式を深く内面に定着させていました。したがって、資本の国際的な自由移動に積極的な自由貿易論者であるというよりも、それに対して消極的な保護貿易論者であり、外債についても本来は否定的でした。一九〇七年三月、外債発行の最後の任務を終えた後、同年冬に清国を訪れた高橋は、かつて外資導入による鉄道敷設等に主導的役割を果たした湖広総督張之洞《ちょうしどう》と会見します。その際に、グラントが明治天皇に与えた忠告を援引して、「外国に対して決して借款し給ふな」と忠告しました(高橋是清『随想録』千倉書房、一九三六年)。

国際金融家・高橋是清

自立的資本主義の基本原則を信条としてきた松方や高橋が、日清・日露両戦争がもたらした国際政治経済状況の変化に適応する形で、自立的資本主義の転換を先導したのです。特に自己の本来の信条に反して、率先して日本の外債依存度を空前のレベルに高めた高橋は、期せずして自立的資本主義から国際的資本主義への類型的発展を導いた過渡期の経済リーダーであったといえるでしょう。

6　国際的資本主義のリーダーの登場

井上準之助の台頭

日露戦争後日本銀行の内部から高橋に嘱目されながら、国際金融家として台頭したのが井上準之助でした。一九〇八年高橋は当時営業局長であった井上を通常の順序にしたがって理事に昇任させず、あえてニューヨーク駐在日銀監督役に転出させます。高橋が後年回顧して語っているところによれば、この異例の人事は井上を抜擢し、日銀内部から国際金融家を養成するための人事でした。これは当時も後年も「左遷」人事と見なされ、井上自身も理事昇任を留保されたこの人事に不満でしたが、井上に与えられたニューヨーク勤務が少なくとも結果として国際金融家としての井上の前途を開いたことは疑いないでしょう。

それから三年後、高橋は日銀総裁と横浜正金銀行頭取とを兼任するに及んで、正金頭取に薩摩系の三島弥太郎《みしまやたろう》を据え、事実上正金の実務を主宰する副頭取に井上を推したのです。三島は、明治一〇年代半ばに福島県令等として地方の産業基盤の構築を現地の抵抗を排して強行し、また警視総監として保安条例の執行にあたり自由民権派と対決した三島通庸《みちつね》の長男です。横浜正

井上準之助

金銀行は外国為替専門の政府監督下の金融機関で、日銀からの特別融資を受け、日銀の活動を対外面から支える特殊銀行でした。爾後井上は高橋と三島の後を追う形で累進しました。一九一三年に高橋が政友会に入党し、日銀総裁から第一次山本権兵衛内閣蔵相となり、三島が高橋の後任の日銀総裁になると、井上は三島の後をうけて正金頭取に据えられ、高橋が再度原内閣蔵相となり、三島が一九一九年に病没すると、井上は三島の後を襲って日銀総裁に任じられたのです。

しかし井上は、高橋の母胎となった薩摩系との人的および政策的親近性はもっていませんでした。それは明治二(一八六九)年生まれの井上が、嘉永七(一八五四)年生まれの高橋が負っていたような不平等条約下の自立的資本主義の伝統から断絶していたからです。井上の起点は高橋と異なり、日清戦争後の国際的資本主義そのものでした。

しかも高橋が日露戦争中の外債募集を通してドイツ・ユダヤ系の投資銀行クーン・レーブ商会(特にその主宰者J・H・シフ)との間に深い信頼関係をもっていたのに対し、井上は第一次大戦において連合国側への資金や物資の調達を通して連合国側の勝利に貢献し、戦後の国際金融に圧倒的影響力を及ぼすにいたったアングロサクソン系の投資銀行モルガン商会と強く結びついていました。このことが第一次大戦後における国際金融家としての高橋と井上との間に格差を生じさせることになります。

四国借款団と井上・ラモント

こうして高橋が第一次大戦後の対外金融の第一線から後退していったのに対して、モルガン商会、特にその中心的リーダーであるT・W・ラモント(Thomas W. Lamont)の信頼と支持とに依りながら、日本の対外金融のリーダーの地位に就いたのが井上でした。国際金融家としての井上が果たした役割は、ラモントに協力して日本を一九二〇年に成立した中国に対する米英仏日四国借款団に加入させ、それを媒介として英米の国際金融資本との提携を強化したことです。これによって一九二〇年代における日本の国際的資本主義への転換は決定的となりました。

中国に対する米英仏日四国借款団結成のための交渉は、その活動範囲から日本が特権的地位を主張する南満州・東部内蒙古《うちもうこ》(いわゆる満蒙)地域を除外すべきか否かをめぐって、満蒙除外(満蒙留保)を要求する日本と他の三国との交渉は難航しました。一九二〇年三月から五月にかけて局面を打開するために米国国務省の要請を受けて米国銀行団を代表するラモントが来日しましたが、日本側を代表してラモントとの交渉に当たったのが当時の日銀総裁井上準之助でした。両者の交渉の結果、日本側は借款団の活動範囲に例外は設けないという原則を受け入れ、米英仏三国側は日本が特権的地位を有する満蒙地域の現実を受け入れ、実際上その地域における借款団の共同事業は行わないという日本との間の暗黙の了解の下に四国借款団は成立したのでした。

ラモントは対日交渉妥結後、国務省に宛てた電報の中で交渉における井上の役割を次のように評価しています。

私は日本銀行団の真摯な協力を得た。しかしながら日本銀行団の個々のメンバーは、彼らの見解を強力に国民と政府とに提示する勇気を欠いていた。しかるに日銀総裁井上準之助だけは例外であった。それ故負担は井上に掛かった。彼はいわゆる近代日本の自由主義者グループの優れたタイプである。満蒙留保方式に執拗にしがみつき、今もなお政府を動かしている軍閥を解体する必要を政府にわからせるために彼は倦むことなく働いた。

井上がその成立に重要な役割を果たした中国に対する四国借款団は、一九二二年のワシントン会議を経て枠組が形成されたワシントン体制の重要な一環を成すものとなりました。四国借款協定とワシントン体制との関連は、銀行団関係者においても、また各国政府においても明確に意識されていました。要するに四国借款団は、ワシントン体制の成立に先立って、その経済的部分を形成したものといえます。第一次大戦後パリ平和会議に米国使節団随員として参加したラモントは、後に四国借款団を「小国際連盟」(A little League of Nations)と呼んでいます。それは四国借款団を戦後国際政治体制の不可分の一環として位置付けたものといえるでしょう。

日米間の「新しい同盟」

このような政治的性格をもつ四国借款団を媒介として、井上は米英資本(特に米国資本)を国内に導入することに努めます。それは一九二〇年代から満州事変前夜にかけて集中的に行われました。ラモント―井上ルートが米英資本導入の主要なルートとなったのです。それは特に米英国際金融資本が中国市場に対する関心を失ってくるのと反比例的に増大していきます。つまり投資対象としての中国の政治的経済的不安定化が日本の相対的安定性への評価を高めたのです。

一九二三年には、約二〇〇〇万ドルの朝鮮半島開発を目的とする東洋拓殖会社社債がナショナル・シティ銀行その他によって引受発行されます。また関東大震災の翌年の一九二四年には、震災復興のための政府公債がモルガン商会をはじめとする米英銀行団によって引受発行されます。ついで東京横浜両市市債がモルガン商会等の手を通してニューヨーク市場で発行されます。

こうした米英資本の流入は一九三〇年まで持続し、その間一九二八年のラモントを通して行われた東京電力の前身である東京電燈社債引受発行、金解禁の準備としての二五〇〇万ドルに及ぶ一九二九年のクレジットの設定、一九三〇年の台湾電力社債の引受発行等が行われたのです。こうした日米間の国際金融関係の密接化について、モルガン商会を中心とする銀行団による震災復興公債の引受発行が決定した際、その交渉を担当した大蔵省海外駐箚財務官森《もり》賢《けん》吾《ご》はラモントに対し、これを「新しい同盟」(A new alliance)と形容しました。

以上に見たように、井上は国際金融家の役割を果たすことを通して、ワシントン体制の枠組に沿う第一次大戦後の日本の経済外交を事実上主宰しました。一九二七年に金融恐慌後の日本経済を診断するために再度来日したラモントは、井上の提案に基づいて、南満州鉄道株式会社米貨社債発行の問題を取り上げました。井上は当時の田《た》中《なか》義《ぎ》一《いち》政友会内閣の下で金融恐慌の収拾に当たる日銀総裁でしたが、田中にはかねて井上を外相に起用し、「経済外交」を展開させたいという意向があったといわれます。井上が実現を期した満鉄に米国資本を導入することを目的とする満鉄米貨社債発行計画はその一環であったと考えられます。

国際金融の「帝国」

一九二七年に金融恐慌後の日本の経済状況を視察するために再び来日したラモントは、満鉄社債発行計画と日本の金融情勢についての井上の見解を本国へ紹介した電文の中で、それを極めて信頼に値するものと評価し、こう述べています。「井上はノーマン(Montagu Norman)、ストロング(Benjamin Strong)や我々すべてと同じ金融語(financial language)を話す。私は彼がまっすぐな線から外れたのを見たことがない。」ここに言及されているM・ノーマンはイングランド銀行総裁、B・ストロングはニューヨーク連邦準備銀行総裁、「我々のすべて」とはモルガン商会を構成する共同出資者たちを指しています。国際政治経済史家ハーバート・ファイス(Herbert Feis)は、ノーマンとストロングについて、「国際金融は彼らの帝国であり、彼らは帝国に対するあらゆる蛮族の侵入を阻止しようとした」と述べています。

井上はまさにストロングやノーマンによって指導される「帝国」の価値体系を共有していたのであり、それが国際金融家としての井上の信用の基礎でした。そして井上が共有した価値体系の基本的要素が金本位制であり、井上が国際金融家および政党政治家として金解禁に生命を賭けた所以でした。したがって井上は金本位制を成立させ、維持するための必要条件として、金準備の蓄積を推進する緊縮政策を志向しました。緊縮政策(retrenchment policy)は第一次大戦後の国際金融の「帝国」の基本政策だったのです。これが日本の金解禁に対する国際金融資本の支持(すなわち短期クレジット供与)の条件でした。国際金融資本は日本への投資が増大するにしたがって、日本の対外信用に強い関心を持ち、政府財政のみならず、私企業経営に対しても緊縮政策を求めます。日本がこの時期に行った軍縮もまた緊縮政策の一環であり、金本位制を基本政策とする国際金融資本の論理の必然的要請でした。井上が米国のウォール・ストリートや英国のロンバード・ストリートの国際的な投資銀行から全面的な支持を得たのも、金本位制が要請する緊縮政策に対する信念とそれを実行しうる政治的実力を有していたからです。つまり米英の国際金融資本にとって、井上の存在は日本に対する債権の最大の担保の意味をもっていたわけです。

金解禁の意味

以上に述べたように、一九二〇年に井上がラモントに協力して成立させた中国に対する四国借款団を媒介として、井上が推進してきた国際金融提携、特に日米英の国際金融提携の論理的帰結が金解禁でした。この場合の日本の金解禁(第一次大戦中に日本が行った円の金兌換を停止する金輸出禁止の解禁)とは、円と金とを再連結する金為替本位制(gold exchange standard)の導入でした。それは日本が戦後の国際金融、ひいては国際社会の基本前提を受け入れたことを意味するものであったのです。

金解禁が実施されたのは、一九三〇年一月一一日でしたが、それから一〇日後の一月二一日から日本も参加してロンドンで開会されたのが補助艦制限を目的とする海軍軍縮会議でした。これら二つの重大な出来事がこの時期に同時的に継起したことは、金本位制と緊縮政策、特にその大きな部分を占める軍縮政策との緊密な関連を示しているといえます。

7　国際的資本主義の没落

国際金融家の時代の終焉

井上が浜口雄幸民政党内閣蔵相として行った懸案の金解禁政策は世界恐慌の波と重なり、国内に経済不況を招きます。さらに金解禁実施の翌一九三一年九月、南満州権益の拡大を意図する関東軍が引き起こした中国東北部一円を制圧する軍事行動、満州事変によって、金本位制を支える緊縮政策の根幹(軍縮)が揺るがされ、結果として井上の金解禁政策は失敗に終わります。同時に、それを促進し支持した国際金融資本の存立の基盤も揺らぎ始めることになりました。

それは一方において金本位制の現実(および信仰)の崩壊として現れ、他方において世界的な自由貿易の収縮と関税障壁の強化、さらに各国における国家資本および経済ナショナリズムの台頭として現れました。英国は満州事変勃発の三日後の九月二一日に金本位制を離脱し、米国においても、一九三三年三月六日フランクリン・ローズベルトの大統領就任の翌々日、金輸出は禁止されました。また同年米国においては、銀行業法(Banking Act)によって商業銀行と投資銀行との分離が行われ、四国借款団に参加していた米国銀行団のメンバーの多くは証券引受および売出の機能を失います。さらにローズベルト政権下の米国においては、ニュー・ディール政策を牽引したＲＦＣ（Reconstruction Finance Corporation, 復興金融公社）のような国家金融機関を通して、対外金融に対する国家の直接的主導権が強化されました。すなわち国際金融の中枢であったウォール・ストリートの投資活動は衰退し、国際金融網は寸断されます。ここに国際金融家の時代は終り、国家資本の時代が始まるのです。

国家資本の時代へ

日本においても、一九三一年一二月一三日、井上準之助を蔵相とする若槻《わかつき》礼次郎民政党内閣に代って、高橋是清を蔵相とする犬養毅政友会内閣が発足するとともに、金輸出再禁止が決定されます。翌年一月二八日の日中両軍の衝突から始まった第一次上海事変に起因する英米資本の日本からの離反と、同年二月九日の右翼テロリストによる井上の暗殺とは、日本における国際的資本主義の時代の終焉を意味するものであったといえるでしょう。

井上の歿後、財政および経済リーダーとしての高橋の役割は必然的に大きくなりましたが、それは国際金融家としての高橋の復活を意味するものではなく、新しい装いの「自立的資本主義」を主導する国家資本の擁護者としての高橋の登場を意味したのです（以上、日本における

「自立的資本主義」の形成とその「国際的資本主義」への転化、および「国際的資本主義」の没落については、拙著『ウォール・ストリートと極東――政治における国際金融資本』東京大学出版会、二〇〇九年、特にⅡ-3参照)。後年世界恐慌からの早期の脱出の実例を示した事実上の「ケインズ」理論を連想させる政策的対応として評価される高橋財政は、公共事業費の拡大や輸出力強化のための積極的支出において、明治初期の日本の「殖産興業」を推進した政府主導の積極財政政策への回帰であったといえるかもしれません。既に指摘したように、若き日の高橋は、大久保利通に始まる薩摩系の経済リーダーの「殖産興業」政策を貫く自立的資本主義の思想に深く共鳴していたからです。

しかし政党政治の復活の意図を抱きながら、高橋が試みた一九三〇年代の自立的資本主義の実験は、脱政党政治の帰結としての二・二六事件において高橋の死と運命をともにし、その後の戦争体制に従属する資本主義へ変質していくことになります。それは、自立的資本主義から排外的資本主義への転化の過程でありました。

自由な「貿易」とその終わり

序章で指摘したように、ウォルター・バジョットは英国の近代の開幕を画した「議論による統治」の推進力の一つとして、「貿易」を挙げました。バジョットは「貿易」を自由なコミュニケーションの拡大としてとらえたのです。しかし、一九世紀後半の英国にとっての「自由貿易」は、貿易相手国(特に不平等な通商条約に拘束されていた後進国)にとっての「自由貿易」を意味しませんでした。それは後年英国の経済史家たちによって「自由貿易帝国主義」といわれたのです。これに対抗して、高橋が彼に先立つ経済リーダー(そして同時に政治リーダー)たちの路線を引き継いで打ち出したのが、「高橋財政」の名で呼ばれた新しい装いの「自立的資本主義」でした。

バジョットが積極的に推奨した自由な「貿易」の論理により忠実であったのは、日本の自立的資本主義の時代の最後のリーダーであった高橋に代って、第一次大戦後の「大正デモクラシー」期に日本の国際的資本主義の時代のリーダーとなった井上準之助でありました。井上は日本においては、国際的資本主義の価値観(金本位制と国際協調主義)に最も献身的な金融家であり、また政治家でした。一九三〇年代初頭、長きにわたって金本位制を支えた英国がそれから離脱し、満州事変以後、日本が東アジアの平和を支えた国際協調主義を放棄したことによって国際的資本主義そのものが崩壊した時、経済リーダーおよび政治リーダーとしての井上はその基盤を失いました。そして危機は日本における「議論による統治」そのものにまで及んだのです。

第三章　日本はなぜ、いかにして植民地帝国となったのか

1 植民地帝国へ踏み出す日本

植民地とは何か

日本はアジアにおいて歴史上最初の、そしておそらく唯一で最後の植民地を領有する国家となりました。この場合の「植民地」とは、特定の国家主権に服属しながらも、本国とは差別され、本国に行われている憲法その他の法律が行われていない領土のことです。

日本の「植民地」に対しては、往々現地にのみ適用される特殊な立法が、帝国議会以外の立法機関である枢密院や、軍部が影響力を持つ現地の出先機関(たとえば台湾総督府とか朝鮮総督府)によって行われました。憲法学者の美濃部達吉は、「植民地」を憲法上の「異法区域」とか「特殊統治区域」と呼んでいます。また、政治学者吉野作造が唱えた植民地改革とは、まず「異法区域」に対して本国と同じ「法の支配」――いいかえればさまざまな近代憲法に共通する原理としての「憲政の本義」――を及ぼすことでした。

要するに、本国における「法の支配」から疎外された領土を含む国家が、「植民地帝国」な

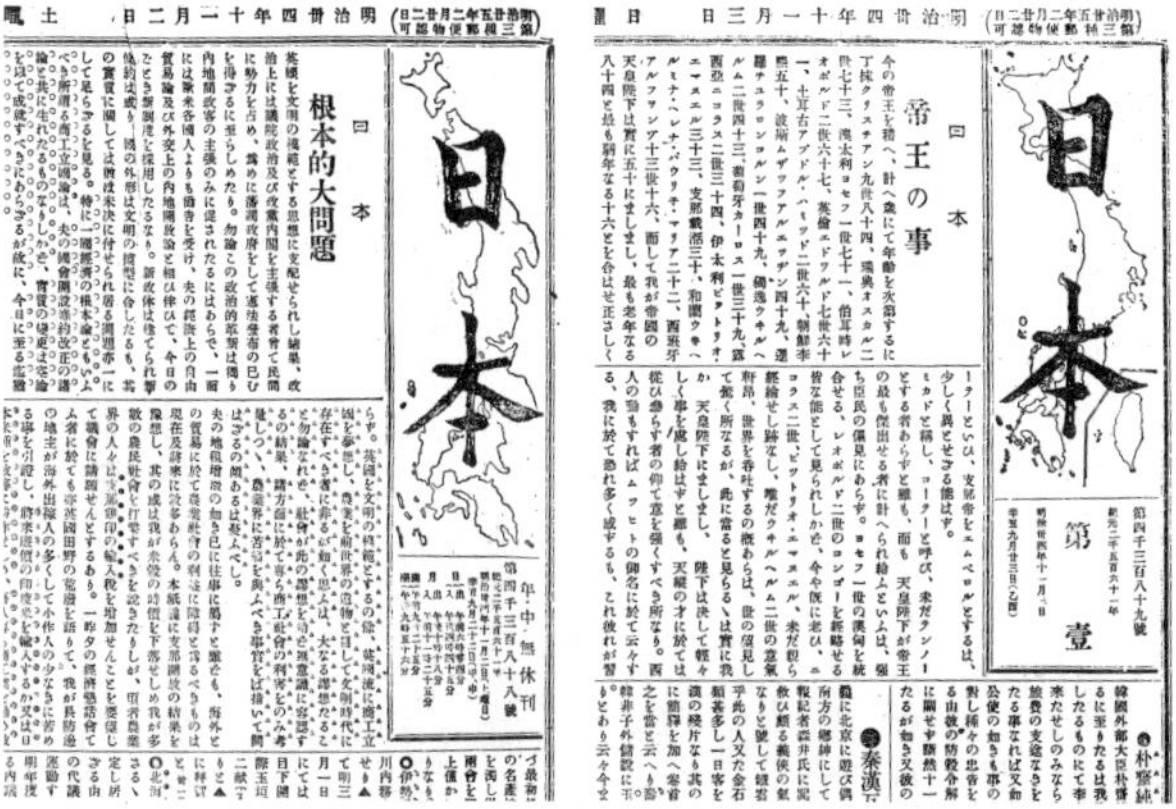
明治卅四年十一月二日　土曜

日本

根本的大問題

英國を文明の模範とする思想に支配せられし結果、政治上には議院政治及び政黨内閣を主張する者曾て民間に勢力を占め、爲めに藩閥政府をして遂に憲法發布の已むを得ざるに至らしめたり。勿論この政治的革新は獨り内地政客の主張のみに促されたるにはあらで、一面には歐米各國人よりも攻撃を受け、夫の經濟上の自由貿易論及び外交上の内地雑居論と相ひ伴ひて、今日のごとき制度を採用したるなり。新政体は建てられ新條約は成り、國の外形は文明の模型に合したるも、其の實質に關しては猶ほ未決に付せられ居る問題亦一にして足らざるを見る。特に一國經濟の根本論ともいふべき所謂る商工立國論は、夫の國會開設條約改正の議論と共に生れたるものなりしかど、實質の變更は空論を以て成就すべきにあらざるが故に、今日に至る迄

明治卅四年十一月三日　日曜

日本

帝王の事

今の帝王を稽へ、計へ數にて年齢を次第するに丁抹クリスチアン九世八十四、瑞典オスカル二世七十三、澳太利ヨセフ一世七十一、伯耳時レオポルド二世六十七、英倫エドワルド七世六十一、土耳古アブドル・ハミッド二世六十、朝鮮李熙五十、波斯ムザツフアルエツヂン四十九、暹羅チユラロンコルン一世四十九、獨逸ウヰルヘルム二世四十三、葡萄牙カーロス一世三十九、露西亜ニコラス二世三十四、伊太利ビクトリオ・エマヌエル三十三、支那載湉三十、和蘭ウヰルヘルミナ・ヘレナ・パウリナ・マリア二十二、西班牙アルフフンゾ十三世十六、而して我が帝國の天皇陛下は實に五十にましまし、最も老年なる八十四と最も弱年なる十六とを合はせ正さしく

新聞『日本』の第一面．左が明治34年11月2日，右が同年11月3日．（東京大学法学部附属明治新聞雑誌文庫蔵）

のです。そのような意味の「植民地」に対して、「法の支配」から解放された本国による制約なき政治的経済的軍事的支配が及んだことはいうまでもありません。

植民地帝国日本の地図

日本が植民地帝国としての第一歩を踏み出したのは、日清戦争の前後です。それは、前章で見たように、日本の資本主義が不平等条約下の自立的資本主義から条約改正後の国際的資本主義へと転換した時期でした。日本は日清戦争によって台湾や澎湖列島を植民地化し、日本の地図は変わりました。

明治憲法発布と同日の一八八九(明治二二)年二月一一日に、陸羯南《くがかつなん》を主筆とする新聞『日本』が創刊されました。そこには、第一面の右隅に掲げられた新聞紙名『日本』のバックに、当時の「日

本」を象徴する北海道・本州・四国・九州の四つの島とそれらの付属島嶼が図示されていました。それが、日清戦争後には台湾が付け加えられ、デザインが一新されます。『日本』という紙名の背景を成す日本地図が改められ、その右下の括弧に囲まれた部分に台湾島の形が表示されたのです。

この新しいデザインが登場したのは、二〇世紀第一年目の一九〇一(明治三四)年一一月三日、すなわち当時の天長節(明治天皇誕生日)の紙面からです。第一面には「帝王の事」と題して、世界の帝王の中での明治天皇の高い位置づけを試みた論説が掲載されています。それには、「ミカドと称し、コーテーと呼び、未だテンノーとする者あらずと雖《いえど》も、而《しか》も天皇陛下が帝王の最も傑出せる者に計へられ給ふといふは、強《あなが》ち臣民の偏見にあらず」と書かれています。「帝王の最も傑出せる者」という明治天皇の評価にふさわしい背景として、植民地台湾を含む、ヨーロッパの植民地帝国並みの植民地帝国日本のデザインを新たに考案したのでしょう。

三国干渉と蘇峰

日本が新しい植民地帝国として登場した時期に、東アジアの権力政治で支配的影響力を持っていたのは、ヨーロッパの先進の植民地帝国でした。日本はこれら諸帝国の圧力の下でその行動を制約されていました。その端的な現れが独露仏三国共同の対日勧告によって、清国から一旦割譲された遼東半島を還付せざるをえなかったこと――いわゆる三国干渉です。

三国干渉によって遼東半島還付が決定された時、民友社や国民新聞社を主宰する先進的なジャーナリストであった徳富蘇峰《とくとみそほう》は、当時彼の下で国際関係担当記者として働いていた後年の日銀総裁深井英五《ふかいえいご》と一緒に、川上操六《かわかみそうろく》参謀次長、樺山資紀《かばやますけのり》海軍軍令部長らに随行して遼東半島を視察旅行中で、その要衝である旅順にいました。その時、蘇峰は悲憤を抑えきれず、旅順口の海岸から一握りの小石と砂をハンカチに包んで持ち帰ります。その帰途、夕陽に映える旅順の山々を望みながら、蘇峰は深井をかえりみて、「深井君、よく考えて見ると、露帝（ロシア皇帝ニコライ二世）も独帝（ドイツ皇帝ウィルヘルム二世）もわが輩を改宗せしめた恩人だよ」と語ったといわれます（深井英五『回顧七十年』岩波書店、一九四一年、早川喜代次『徳富蘇峰』徳富蘇峰伝記編纂会、一九六八年）。かつて一八八六（明治一九）年ベストセラーとなった『将来之日本』において、経済的視点から国際的平和主義を唱えた蘇峰は、三国干渉に遭遇して一転して軍事的視点に立つ「帝国主義」へ「改宗」したのでした。

帝国的膨張への動機

また蘇峰に「改宗」を迫るほどの衝撃を与えた三国干渉は、メディアを通してさらに国民大にまで広がる衝撃となりました。当時小学生であった後年の女性解放運動家平塚らいてうは、当時の思い出を次のように語っています。

忘れられないことは、遼東半島還付について、教室でなにかの時間にとくに話をされたときのことです。戦勝国である日本が当然清国から頒けてもらうべき遼東半島を、露独仏の三国干渉のため、涙をのんで還付しなければならなくなったことの次第を、子どもにもわかりやすく、諄々と説き、「臥薪嘗胆」と黒板に大きく書いて、子どもたちに強く訴えられたのでした。教室には遼東半島のところだけを赤く塗りつぶした極東の地図がその後も長くかけてありました。先生が黒板に大きく書かれた「臥薪嘗胆」の四文字はすぐ消されましたが、いまだに私の眼の底にはっきり残っています。(『元始、女性は太陽であった　平塚らいてう自伝』大月書店、一九七三年)

遼東半島還付が日本政府や国民に与えた深い挫折感は、日清戦争後に出現した植民地帝国の実体そのもの(いわば即自的な植民地帝国)を、自覚的な植民地帝国(いわば対自的な植民地帝国)に変える内面的動機となりました。これによって日本は、東アジアにおいてヨーロッパ列強に伍する権力政治の主体となることを志向するにいたったのです。そのような日清戦争がもたらした国際政治上の変化が、日露戦争以後の植民地帝国日本の膨張を方向づけたといえます。

2　日本はなぜ植民地帝国となったか

「非公式帝国」としてのイギリス帝国

幕末以来、日本には不平等条約が課されていました。既に述べたように、日本は通商条約によって貿易相手国の領事裁判権を認め、関税自主権を剝奪されていました。これは、政治的経済的優位を前提とした欧米諸国の日本に対する自由貿易の強制の結果でした。最大の植民地帝国イギリスは率先してその方法をつくりあげ、中国や日本などに適用していました。後世のイギリスの経済史家は、この方法を「自由貿易帝国主義」と呼んでいます(John Gallagher and Ronald Robinson, "The Imperialism of Free Trade", *The Economic History Review*, Vol. VI, No. 1, 1953)。それは植民地なき植民地帝国を構築する方法で、植民地の獲得や経営のためのコストを要しない「非公式帝国」の拡大を目的とするものでした。不平等条約下の日本の資本主義が、前章で見たように、外債依存度を極小化する「自立的資本主義」の形態をとったのは、イギリスをはじめとする欧米諸国の「自由貿易帝国主義」に抗する一種の経済的ナショナリズムから発した対抗戦略だったのです。

日本は不平等条約を脱し、資本主義の形態が「自立的資本主義」から「国際的資本主義」へと転化した段階で、植民地を有する植民地帝国の構築を目的とする戦略を採っていきます。なぜ、欧米諸国に倣って「自由貿易帝国主義」による「非公式帝国」の拡大を目指さずに、より大きなコストを要する軍事力への依存度の高い「公式帝国」の道を歩んだのでしょうか。

なぜ「非公式帝国」にならなかったのか

それには二つの理由が考えられます。一つの理由は、当時の日本が先進の植民地帝国に伍する実質的意味の国際社会のメンバーではなかったことです。「非公式帝国」とは、最恵国条款(most favored nation clause)、つまり一国が貿易相手国に対して有する通商上の権利を他国もまた享受するという条約上の条項によって、不平等条約のもたらす経済的利益を共有する欧米諸国の「集団非公式帝国」でした。日本は未だそのアウトサイダーに止まっていたのです。

当時の日本は欧米諸国との間で未だ大使の交換を認められておらず、これら諸国との間では在外公館は大使館(Embassy)ではなく、公使館(Legation)のレベルに止まっていました。当時のヨーロッパ中心の国際社会は格差社会です。大使の交換はいわゆる一等国(The First Class Powers)相互間にのみ認められるのが国際慣習でした。日本が欧米諸国との間で大使の交換を認められるのは日露戦争後のことです。日露戦争の勝利によって日本は国際社会においてはじめて一等国として認知され、実質的意味の国際社会のメンバーとなったのです。ちなみに中国の場合、欧米諸国や日本との間で大使の交換が行われ、それぞれに大使館が開設されるのは、一九三四年のことです。不平等条約を国際法的な武器とする「自由貿易帝国主義」は、国際社会の実質的メンバーである一等国にのみ許容される植民地帝国の拡大戦略だったのです。

日本が「自由貿易帝国主義」による「非公式帝国」の拡大よりも、現実の植民地領有を優先したもう一つの理由は、日本の植民地帝国構想が経済的利益関心よりも軍事的安全保障関心から発したもので、日本本国の国境線の安全確保への関心と不可分であったということです。ヨーロッパの植民地が本国とは隣接しない遠隔地に作られたのに対して、植民地帝国日本の膨張は、本国の国境線に直接する南方および北方地域への空間的拡大として行われました。いいかえれば、日本の場合にはナショナリズムの発展が帝国主義と結びつき、しかもそのことが欧米諸国とは異なる日本の植民地帝国の特性をもたらしたと見ることができます。

山県有朋の演説

以上に見たような日本特有の植民地帝国の概念の萌芽は、日本が未だ植民地なき国家であった時代に、憲法施行直後の第一回帝国議会で内閣総理大臣山県有朋《やまがたありとも》が明治二四年度予算案について衆議院で行った演説にすでに見られました。当時内閣総理大臣が総選挙によって選出された国民の代表者から成る衆議院で、直接に施政方針を説明すること自体が、明治政府始まって以来の画期的意義をもつ新例として注目されました。一八九〇

山県有朋

(明治二三)年一二月六日付の新聞『日本』は、「施政の方針、総理大臣の演説」と題して次のような記事を載せています。

「嗚呼《ああ》是れ明治政府ありて以来、始めて当局者が明に政略を公示せらるゝの時なり、是れ豈《あに》尋常一様の事と看過し去るべけんや、専制の憂は国民に向て政府の方針を明にせざるより大なるはなし……今や国民は代議の機関を得て意思を陳《の》ぶるの便を得、政府は意思を公示して国民に問ふの機に会せり。」

現在では、開会された国会の初頭で内閣総理大臣が施政方針演説を行うことは、形式および内容両面で半ば儀式化し慣例化していますが、帝国議会開設時には、議会制の歴史的意義を象徴する事実として注目されたのです。

「主権線」と「利益線」

さて、山県はこの演説で、当該予算案中、陸海軍費のための歳出額が大きな部分を占めている理由について説明しています。それが国家の独立自衛のためであること、そのためには、第一に「主権線」すなわち「国境線」を防禦するとともに、第二に「主権線の安危に密着の関係ある区域」を画する「利益線」を確保することの必要を強調しました。「勢力範囲」(sphere of influence)とか「利益範囲」(sphere of interest)といった帝国主義の概念が国際法上の概念として国際社会に認知されるにいたるのは、一八八四年から一八八五年にかけての欧米列強によるアフリカ分割の原則を定めたベルリン会議においてであるといわれています。「利益線」の重要性を強調した山県演説は、この時期に確立された最新の帝国主義概念をもって日本の対外政策の基本線を説明したのです。

ただし、山県演説に現れた日本の「利益線」(「利益範囲」)概念は、欧米列強のアフリカ分割に適用された概念とは異なり、日本が国境線の安全に密接に係わると見た地域に適用されるものでした。要するに日本の「利益範囲」とは、欧米の場合よりも、すぐれて軍事的な意味をもつ「利益範囲」でした。日本の場合、「利益範囲」は国境線と隣接する区域を想定しており、「利益線」は後年の「生命線」に近い概念でした。山県演説に先立って政府部内に提出された山県意見書において、「利益線の焦点」とされたのは朝鮮半島でした。山県演説が陸海軍費の使途の説明として、「利益線」の確保を強調した所以はそこにあったのです。

このように一八九〇年段階では未だ仮想上の点線に止まっていた「利益線」が、現実の実線に転化していく状況を作ったのは日露戦争でした。日露戦争によって、それに先立って既に「利益線の焦点」と想定されていた朝鮮半島の植民地化は始動します。そして、中国東北部においては南満州を中心として「租借地」という形で実質的植民地化が進行していきます。

以下では、実質的植民地化を含めた広義の植民地化がどのようになされていったのか、また、それがどう変容していったのかについて、それに対応する立法過程を通して概観していくことにします。

3　日本はいかに植民地帝国を形成したのか

枢密院という存在

日本の植民地統治の基本的な法的枠組は、どのように作られたのでしょうか。憲法に直接の根拠を持ち、天皇によって授権された国家機関とは区別される「国民の代表機関」（美濃部達吉）としての帝国議会が実質的にそれに関与することはありませんでした。もっぱら政府や軍部のイニシアティヴによって制定され、また改正されたのです。しかし、政府や軍部の他に、帝国議会が本来果たすべき役割を代替する形で植民地立法に関与し、その内容や方向に少なからぬ影響力を及ぼした国家機関がありました。帝国議会と同じく憲法に規定された枢密顧問によって構成される天皇の最高諮問機関、枢密院です。

枢密院は一八八八（明治二一）年五月、帝国議会開設に先立って、皇室典範案および憲法案の審議にあたる目的で創設されました。それ以来、国内政治に強い発言力を持ち、憲法解釈や法令(法律および勅令)の制定または改正に対する採決を伴う天皇(現実には政府)への意見具申を通して、事実上政府の政策決定に大きな影響を与えてきたのです。政府は重要な法令、たとえば憲法付属の法令とされた衆議院議員選挙法や貴族院令、議院法などの改正を行う場合には、帝国議会への改正案提出に先立って、天皇の名による枢密院への諮問(「諮詢《しじゅん》」)を行い、その承認を得なければなりませんでした。しかも勅令案の場合には、貴族院のあり方を定めている貴族院令について貴族院が審議権を与えられているのを例外として、帝国議会には枢密院に与えられているような審議権はありませんでした。その意味で、明治憲法体制下における日本の議会制は、枢密院と帝国議会との二層構造をもっていたといえるのです。それはむしろ枢密院を最上院とし、その下で帝国議会の両院(貴族院および衆議院)が機能する三院制であったといっても不当ではないでしょう。

しかも枢密院には、政府が調印した国際条約について、それを審議し、批准すべきかどうかについて採決を行い、最終意見を具申する権能がありました。これは米国上院に匹敵する権能です。

さらに帝国議会には付与されていなかった勅令案の審議権と承認権を持っていた枢密院には、多くが勅令の形をとる植民地立法に対しても大きな影響力がありました。したがって、枢密院が関与した重要な植民地立法過程を通して、植民地帝国の形成過程を追跡することができるのです。以下では、三つの時期にわけてその過程を見ていくことにします。

（1）日露戦争後——朝鮮と関東州租借地の統治体制の形成

総監府・理事庁官制案

日露講和条約調印から三カ月余りを経た一九〇五(明治三八)年一二月二〇日、すでに一一月一七日に調印されていた(第二次)日韓協約に基づいて、日本の韓国統治の中心機関となることが予定されていた統監府および理事庁官制案が天皇の名において枢密院に諮問(「諮詢」)されました。官制とは国家機関の組織や権限等の枠組を規定した勅令を指します。当時枢密院議長を務めていたのは、伊藤博文です。伊藤は、すでにこの段階で日本から韓国へ派遣される初代統監《とうかん》として韓国の外交権を管理することが予定されていました。

伊藤は本会議の冒頭で、諮詢された官制案は伊藤自身の意見に基づいて、内閣や陸海軍当局者との協議の上起草されたものであると説明し、緊急を要する懸案として即決を訴えました。都筑馨六《つづきけいろく》枢密院書記官長もこれらの官制案が起草の段階で枢密院当局による事実上の審査を経ていると指摘し、実質的に即決の要件を満たしていることを強調しました。

要するに、伊藤は枢密院官制（一八八八年四月二八日公布）第八条において、「行政及立法の事に関し天皇の至高の顧問たりと雖《いえど》も施政に干与《かんよ》することなし」と定められた枢密院の会議を主宰する議長でありながら、日露戦争中から韓国に対する政策立案のイニシアティヴをとっていたために、枢密院当局は日露戦争後の対韓政策の基本的な枠組の決定について事実上深く関与していたわけです。

統監の権限をめぐって

この統監府および理事庁官制案についての枢密院の審議で注目すべき点があります。統監は韓国の外交権の管理に当たるということは官制案に立法事項として盛り込まれていましたが、同時に実はこの官制案の中には、明示的には書き込まれていなかった統監のもう一つの重大な権限、すなわち韓国の内政に対する監督にも当たるという権限が枢密院のレベルでは日本側の暗黙の了解になっていたということです。伊藤は韓国内政に対する統監の権限に触れて、この点に深い疑念を持つ韓国皇帝や大臣らからは統監は内政には関与せずという一条を日韓協約に加えてほしいという請求があったが、そうした条項は絶対に加えることはできないと枢密院本会議の席上で述べているのです。

伊藤博文

さらに官制案の第三条第一項の「統監は……韓国の施政事務にして外国人に関係あるものを監督す」について、大鳥圭介《おおとりけいすけ》顧問官(元朝鮮駐箚公使)が「韓国の施政事務の範囲如何《いかん》、内政を含むが如し如何」と糺します。これに対して、伊藤は「之は説明せざることとしたし。之は大政略の含まるる所政略を運用する機械なり。これは今日制限すること難《かた》し。日本政府の政略に一任ある外《ほか》なし」と答え、この条項の「政略」的意味を強調しています。つまり伊藤は、官制案第三条第一項にいう統監の「施政事務」とは、韓国の外交を越えて、その内政を含む広い範囲に及びうることを示唆したのです。

さらに注目すべきところは、官制案第四条によると、統監には朝鮮半島に駐屯する日本軍隊、すなわち日本の韓国守備軍の司令官に対して兵力の使用を命令する権限が与えられていることです。伊藤はいうまでもなく文官(シヴィリアン)です。その伊藤の統監就任は既定の方針であったため、第四条は事実上文官に軍隊統率権を認めることを意味しました。これは全く前例のないもので、正当とされてきた「統帥権の独立」という憲法解釈上の観念に正面から抵触する意味をもっていました。

実はこの官制案が作成される過程では、軍隊統率権をめぐって、韓国統監予定者である伊藤博文と陸海軍当局との間で、ともに存在理由を賭けた厳しい交渉が行われていました。伊藤はこの点について、枢密院本会議の席上、「軍隊に関し、文官が指揮するは至難のことにて、今日までこの解決つかざりし。本官〔伊藤〕が任を奉ずるに付き、守備軍の司令官が命令を聞くこととなりたり」と説明しています。要するに、官制案第四条の趣旨は、文官（シヴィリアン）一般にではなく、いわば天皇代行として文官と武官（シヴィリアンとミリタリー）とを兼併する存在と目されていた元老第一の地位を占める伊藤に対して、法の支配の範囲外である朝鮮半島において、特権的臨時的に軍隊統率権が認められるという趣旨です。それはいわば一身専属的なものに近いと自他ともに理解していたといえるでしょう。

陸軍の巻き返し

しかしいかに元老とはいえ、シヴィリアンに軍隊統率権が認められるということは、軍部にとってはその職責を脅かす非常に大きな問題でした。将来、「統帥権の独立」を非実質化する危険をはらんでいたからです。そこで軍部は、この朝鮮の先例を中国東北部の租借地や鉄道付属地に及ぼすことを極力阻止しようと努めました。その現れが翌年、一九〇六年七月に枢密院に提出された関東都督府《ととくふ》官制案でした。

日露戦争の結果として日本は、ロシアが中国東北部や南満州鉄道に対してもっていた租借権を獲得しました。旧ロシア租借権が対象とした関東州租借地の行政と南満州鉄道付属地の防衛とに任ずる関東都督には、陸軍大将もしくは中将を充てようとしたのです。韓国統監と同じように、関東都督にも文武両面を管轄する権限が付与されることになっていたのですが、関東都督府官制案によれば、関東都督は韓国統監とは異なり、文官の任用を排除する官職であることが明らかにされていました。

この官制案での関東都督陸軍将官制に対しては、枢密顧問官中に強い異論がありました。もしこれを明記すれば日本が同地域を軍事支配しようとしているとして、英米からの批判も予想され、日本にとって不利益であるとの指摘もありました。

当時陸軍大臣であった長州出身の寺内正毅《てらうちまさたけ》は、同じ長州出身で草創期の陸軍を作った元老山県有朋の支持を得て、次のように主張しました。関東都督府が管轄する南満州の治安上、また北満州を隔てて対峙するロシアとの関係上、関東都督は軍隊統率権を持つ必要があり、関東都督が有事の際に軍隊統率権を有効に行使するためには、関東都督は武官(事実上陸軍武官)でなければならないと。そして朝鮮において軍隊統率権を持つ文官統監の先例には全く言及しなかったのです。つまり寺内としては、軍隊統率権を伊藤のような文官が持つのは、あくまでも例外であり、先例として他に及ぼすべきではないという意思を表明したと見るべきでしょう。

こうして陸軍は希望通り、まず関東都督の陸軍将官制を実現し、一度は朝鮮において失った「統帥権の独立」を完全回復するための橋頭堡《きょうとうほ》を築いたのです。統監府および理事庁官制が公布された五年後の一九一〇年に韓国が日本に併合されると、最後の韓国統監であった陸軍大将寺内正毅を初代朝鮮総督とする日本の朝鮮に対する植民地統治が始まります。それを機会として、第二次桂内閣は新たに制定された朝鮮総督府官制において武官総督制を導入し、かつて朝鮮で二代(四年五カ月)にわたって文官統監(伊藤博文・曽禰荒助《そねあらすけ》いずれも長州出身)に付与されていた軍隊統率権を陸海軍大将である武官総督の手に回収したのです。

枢密院での異論

ところがこのような朝鮮総督府官制の制定に際しては、枢密院の中に強い異論がありました。本会議を主宰した枢密院議長は、陸軍の大御所の山県有朋でした。山県は、前年の一九〇九年に伊藤博文が朝鮮独立運動家安重根《アンジュングン》によって暗殺された後は元老第一の地位にありました。山県議長は議案への修正意見の提出が許されている本会議の第一読会および第二読会を無修正で乗り切るために、時間を置かず審議を最終段階の第三読会に強引に持ち込もうとします。すなわち十分に審議を尽くすことなく、「御異議なきに付第三読会に移る」と宣したのです。

これに対して、薩摩出身の文官の元老松方正義は、「異議あり」と応じ、「(朝鮮総督府官制)第二条は総督は親任すに止め、以下の陸海軍大将を以て之に充《あ》つるなる文字を削りては如何。何となれば従来統監は伊藤曽禰共に文官なり。今に当り、これを武官に限ると狭くするの必要を見ず」との修正意見を出したのです。これは武官に対する文官の立場からの批判であると同時に、台湾、関東州租借地、朝鮮に及ぶ全植民地体制を、陸軍を通して事実上壟断しようとする長州系藩閥に対して、陸軍の後景に退いていた海軍を含めた薩摩系藩閥の代表者が浴びせた反論でした。

しかし松方の修正意見を即座に支持したのは、同じ薩摩出身の元外相西徳二郎《にしとくじろう》のみでした。枢密院議事細則第十条によって、第二読会で提出された修正意見は、他に三名以上の賛成がなければ議案とはなりえませんでした。そこで山県議長は「六番(松方)より修正意見出たるも所定の賛成なきにより消滅す」と宣したのです。その結果、第三読会に移された原案が全員一致で可決されることとなったのでした。

美濃部達吉の『憲法講話』

韓国併合後、日本の憲法学者の間では、植民地をどのような法概念でとらえるべきかという問題が意識されるようになりました。明治憲法が制定された当時には、日本は未だ海外植民地をもたず、したがって明治憲法には植民地についての条項はありませんでした。日清戦争後、日本は台湾をはじめとして、植民地を持つ国家となりますが、植民地の憲法上の位置づけが問われるようになったのは、海外植民地体制が確立され、それと国内憲法体制との矛盾が明らかとなるにいたった日露戦争後(特に韓国併合後)の

美濃部達吉

ことだったと考えられます。

憲法との関連で、植民地の法的位置づけをおそらく最初に打ち出したのは、美濃部達吉が一九一二(明治四五)年に公刊した『憲法講話』でした。これはその前年の一九一一年夏に文部省が全国の中等教員を召集して行った夏期講習会での一〇回にわたる連続講演を書物としてまとめたものです。美濃部にとっては、最初の重要な意味をもつ憲法教科書でした。

一九一一年の夏季休暇中に中等教員を対象とする夏期講習会を主催した文部省の意図は何だったのでしょうか。その年の一月に幸徳秋水以下被告一二人に死刑が執行された大逆事件や二月に国定歴史教科書の叙述を通して政治問題化した南北朝正閏問題に対応して、文部省には、国民道徳を強化する教育目的がありました。したがって文部省が美濃部に委嘱したのは、「国憲を重んじ国法に遵《したが》ひ」とうたった教育勅語に則って、国民道徳教育の一環として憲法の概要について講演を行うことでした。ところが、国家法人説に基づいて美濃部が行った『憲法講話』は、文部省の意図に反して、後の天皇機関説事件の起点になったのです。

『憲法講話』の本来の目的は、「明治四五年紀元節の日」、すなわち第二四回目の憲法発布記念日(二月一一日)の日付で書かれた序文に明確にされています。「我が国に憲政を施行せられてより既に二十余年を経たりと雖も、憲政の智識未だ一般に普及せざること殆ど意想の外に在り。専門の学者にして憲法の事を論ずるものの間にすらも、尚言を国体に藉《か》りてひたすらに専制的の思想を鼓吹し、国民の権利を抑へて其の絶対の服従を要求し、立憲政治の仮想の下に其の実は専制政治を行はんとするの主張を聞くこと稀ならず。」

こう述べて美濃部は日本の政治の現状を概嘆し、「憲法の根本的精神を明にし、一部の人の間に流布する変装的専制政治の主張を排することは、余の最も勉めたる所なりき」と著述の意図を説明しています。

「異法区域」としての植民地

このような立憲主義的価値観に照らしながら、美濃部はそれに背反する最も顕著な現実として植民地をとらえるのです。美濃部によれば、「立憲政治」の説明が適用される範囲は、日本の内地のみであって海外植民地には適用されない。海外植民地には「立憲政治」は行われていないのであって、今日も「専制政治」の状態にある。要するに植民地は国家統治区域の一部でありながら、内地と国法を異にし、特に憲法を異にする。憲法が最高の統治組織に関する部分を除いては行われない区域である。それを美濃部は「異法区域」あるいは「特殊統治区域」と呼んだのです。これが一九一一年から一九一二年当時の憲法学者美濃部達吉の植民地観でした。それは立憲主義の妥当範囲を制限する非立憲的な政治空間として植民地をとらえるもので、憲法学者としての美濃部の軌範意識に全面的に抵触するものであったのです。

このような美濃部の植民地についての法概念は、単なる法実証主義的な認識の結果に止まらず、立憲主義の普遍性を信ずる立場からの根元的な植民地批判として理解すべきです。それは一九三五年の天皇機関説事件の結果として発行禁止となった「大正デモクラシー」期の最も代表的な憲法教科書、『憲法撮要《さつよう》』にも引き継がれたと見ることができます。

海外植民地である朝鮮・台湾・樺太や関東州租借地の人民は、帝国議会に代表者を出す権利は与えられず、また憲法上の自由権も認められてはいませんでした。「司法権の独立」も完全ではなく、行政権と立法権との分立もありませんでした。

さらに、非常に包括的・一般的な立法権の委任が植民地や租借地では行われていました。そのような立法権の委任は、憲法を前提とする限りは考えられないことです。もし憲法が朝鮮・台湾にも効力を及ぼしているならば、帝国議会の協賛を経ない総督による立法は明白な憲法違反です。現に一八九六（明治二九）年帝国議会で成立した法律第六三号によって、台湾総督はその管轄区域内において法律の効力を有する命令を発することができましたが、これに対しては美濃部や政府に近い立場にいた穂積八束を含めて憲法学者の間で違憲説が唱えられます。これは、法律第六三号が惹き起こしたいわゆる「六・三問題」として憲法上の問題を残したのでした。このような違憲状態は、植民地においては憲法は行われていないという前提によってのみ、すなわち植民地は「異法区域」であるという概念を前提としてのみ、植民地立法は説明しうるというのが美濃部説だったのです。

(2) 大正前半期——主導権確立を目指す陸軍

陸軍主導のゆらぎ

大正前半期、特に寺内正毅内閣下で行われたさまざまな植民地官制は、基本的には明治期のそれを補強し、植民地統治における陸軍の主導権を確立しようとする志向によって貫かれていました。ただ大正前半期にも、それと相反する志向も見られなかったわけではありません。まずはそれを見ておきます。

一九一三(大正二)年から一九一四(大正三)年にかけて出現した第一次山本権兵衛内閣は、薩摩出身の海軍大将山本権兵衛首相の下で、薩摩および海軍と大正初頭の第一次憲政擁護運動の一翼を担った政友会とが提携した事実上の連合政権です。したがって、反長州・反陸軍の志向の強い政権でした。

この政権下で、それまで植民地行政を掌握してきた内閣総理大臣所管の拓殖局が行政整理の結果廃止され、韓国併合以来長州出身にして陸軍出身の桂太郎首相の下で構築された一元的な陸軍主導の植民地統治体制が崩れることになります。関東州租借地は外務大臣の管轄となり、朝鮮・台湾・樺太は内務大臣によって統括されることとなったのです。

植民地統治における陸軍の主導権を支える制度的条件は、第一次憲政擁護運動によって第三次桂内閣が崩壊した後に登場した第一次山本内閣の下で一時改変されることとなったわけです。これは、朝鮮半島に常駐することを予定して提案された陸軍の二個師団増設案が憲政擁護運動によって挫折したことの結果でした。つまり大正初頭の政変によって長州閥および陸軍が喫した政治的敗北が、それに対立する政権による植民地官制改正に反映していたのです。

樺太統治の変化

植民地統治における陸軍の主導権を揺がすこのような動向は、樺太統治にも現れました。一九一三年一二月一七日に枢密院本会議に提出された樺太庁官制改正案によって、樺太守備隊司令官である陸軍将官を行政責任者たる樺太庁長官に充てることができるという規定の削除が提案されました。その理由について、率先してこの改正を進めた原敬内務大臣は次のように説明しています。

明治三九年度〔日露戦争終結の翌年度〕中は……〔軍事〕占領当時の状態にて陸軍之を指揮せり。明治四〇年度の始に至り〔樺太庁〕官制を設け、行政部の管掌に移せり。今日現行の官制の一部は即当時に於て定められたるものなり。結局普通の行政を布くこととなり長官を文官にて可なりとのこととなれり。然《しか》れども守備隊を置き其の司令官は少将以上となるを以て司令官を長官に充つるも可なりと為し此の旨を規定せり。……第一次の長官はこの規定を適用し、当時の司令官たりし現任陸軍大臣〔楠瀬幸彦〕長官に任ぜられたり。……之特別の場合にして主義は文官を以て之に任ずるの精神たりしなり。（『枢密院会議議事録』第一七巻、東京大学出版会）

これに先立って、樺太守備隊司令部は廃止され、かつて陸軍将官が任ぜられた司令官職は消滅しました。それに伴って、樺太における陸軍の比重は顕著に低下し、樺太行政から陸軍は完全に撤退したのです。こうした状況を背景として、枢密院本会議においては原の内務大臣としての提案説明が了承され、一九一三年一二月二三日付で樺太庁官制改正が勅令第三〇九号として公布されました。これは、日露戦争によって日本の領土に編入された樺太（南サハリン）の統治の主導権をめぐる政軍対立（civil-military rivalry）、特に原に代表される内務省を拠点とする政友会勢力と、元老山県有朋によって庇護され、朝鮮総督や陸軍大臣を歴任した寺内正毅によって代表される長州閥陸軍との権力闘争の結果でした。

陸軍主導の確立

このように反長州閥陸軍の色彩の強い第一次山本内閣の下で陸軍の一時的後退が見られたにもかかわらず、大正前半期における陸軍の植民地、特に朝鮮と関東州租借地の統治における主導権確立への志向は変わりませんでした。特にそれが顕著に現れたのは、一九一六年から一九一八年にかけて存続した初代朝鮮総督・陸軍大将寺内正毅を首班とする内閣の下でした。一九一七年には寺内内閣の下で、第一次山本内閣によって一旦廃止された拓殖局が復活し、内閣総理大臣の管理下に一元的な植民地統治体制が再生しました。そしてそれとともに、関東州租借地では陸軍大・中将である関東都督によって統括される関東都督府の権限が強化されることになりました。

寺内はかねて南満州における関東都督府、満鉄、および外務省傘下の各領事官のいわゆる三頭政治を関東都督府の主導体制の下に再編成し、あわせて南満州統治と朝鮮統治とが一体となった植民地統治体制を確立することを期していたのです。そして寺内は、一九一七年六月に提出された関東都督府官制改正等七件の勅令案を通して、そのような意図を実現しようとしたのです。枢密院などでの議論をもとに次の四点に整理してみます。

第一は、関東都督と都督を補佐する民政部門の責任者である民政長官とがそれぞれ満鉄総裁と副総裁を兼任する案です。しかしこれについては、枢密院本会議に先立つ審査委員会報告において、「官吏たる都督及民政長官をして会社の役員を兼任せしむるは恰《あたか》も大蔵大臣が日本銀行総裁を兼ぬるが如く官紀を紊乱《びんらん》し職責を混淆《こんこう》するの虞《おそれ》あり」との異論が出されたために、政府は原案を断念しました。その上で都督を満鉄に対する「指揮監督の機関たる地位」に止め、「都督は南満州鉄道株式会社の業務を統裁す」と改める枢密院修正案に同意したのです。民政長官の副総裁兼任案が削除されたことはいうまでもありません。

また第二は、南満州駐在の各領事官が外務大臣の内訓によって陸軍大・中将である関東都督の要請に応じ、その執行の方法を講ずる体制を確立することです。要するにこれは、本来外務大臣の指揮下にある各領事官が事実上関東都督の命令に従う体制です。元来寺内は外交事務を除いて、都督の直接的一般的な領事指揮権を確保することを望んでいましたが、外務省がこれに強く反対したため、外務大臣の内訓に基づく各領事官の都督への協力(事実上の強制を伴う協力)に合意せざるをえなかったのでした。

第三は、関東都督府と各領事官との有機的結合を図るための領事館職員への特別任用制——領事・副領事については外交官および領事官試験委員による銓衡《せんこう》任用、外務書記生については文官普通試験委員による銓衡任用——の導入です。具体的には領事・副領事の任用資格は、原案では「二年以上関東都督府高等行政官の職に在る者」の他、「五年以上満州に在住し若くは事業を営む者にして相当の学識経験ある者」となっていましたが、枢密院側は後者の要件について修正を加え、「五年以上満州に於て業務に従事し相当の学識経験ある者」としました。また外務書記生の任用資格は、原案は「関東都督府属又は南満州鉄道株式会社の事務員にして相当の学識ある者」でしたが、枢密院は「関東都督府属」を「二年以上関東都督府判任官の職に在る者」、「南満州鉄道株式会社の事務員」を「三年以上南満州鉄道株式会社の事務員」にそれぞれ修正しました。修正の趣旨は要件の限定でしたが、領事館職員の特別任用そのものについては、枢密院には格別の異論はありませんでした。これによって本来外務省の指揮下にあるべき領事官が陸軍の指揮下におかれる可能性が開かれたのでした。

第四は、軍事警察主導の警察制度の導入です。これは朝鮮総督府の先例に倣ったもので、具体的には南満州駐箚憲兵の長たる陸軍将校をもって警察官の長たる警務総長に充て、普通警察官の他に、憲兵将校を関東都督府警視に、憲兵准士官・下士官を関東都督府警部にそれぞれ任用する道を開きました。枢密院はこれを朝鮮の先例の踏襲として問題とせず、「大体に於て支障の廉《かど》なきものと認む」という見解を示しました。

枢密院の抵抗

しかし反面で、民政部からの警務部の独立に伴い、民政部そのものの権限縮小によって政府原案が民政長官の地位・権限に変更を加え、従来都督の行政事務一般の補佐機関であったものを単に民政部限りの事務を掌理するに過ぎないものに改めようとしたことに対しては、枢密院は次のような異論を唱えました。「武官を以て都督に任ずる現制の下に在りては民政長官を以て其の行政事務に付一般の補佐機関と為すこと妥当の措置にして現に朝鮮総督に対する政務総監、台湾総督に対する民政長官に於て其の例を見る。仍《よっ》て……現行の通り(民政長官は)都督を佐《たす》け民政部の事務を総理するものと為すこと可なりと認む。」

要するにこれは枢密院内部にわだかまっていた武官に対する文官の地位・領域の確保の要求です。植民地統治における政軍関係の勢力均衡維持の必要を主張したものといえるでしょう。

枢密院内部には寺内首相の最大のパトロンであった議長山県有朋をはじめ、山県系の顧問官たちを中心として政府原案を支持する者も少なくありませんでしたが、結局、反対が多数を占め、関東都督を通して南満州統治における陸軍の主導権を確立しようとする寺内の意図は全面的には実現を見ませんでした。特定の国家機関の優越を本能的に警戒する天皇の最高諮問機関としての枢密院の保守的な抵抗が、寺内内閣と陸軍の意図を不徹底に終わらせたといえるでしょう(以上、一九一七年関東都督府官制改正とその背景については、北岡伸一『日本陸軍と大陸政策』東京大学出版会、一九七八年参照）。

ところで、枢密院の「審査報告」の中で特に取り上げられたのが、朝鮮鉄道の満鉄への経営委託案とそれに伴う朝鮮鉄道職員の満鉄職員兼職案でした。枢密院は朝鮮鉄道の満鉄への経営委託案そのものについては、「鮮満鉄道連絡統一の一案」として支持しましたが、国有である朝鮮鉄道の職員が株式会社である満鉄の職員を兼職することを認める案については異議を唱えました。そして結局、二年間に限ってこの案を施行するように原案を修正することを政府に公約させたのでした（以上、鮮満両鉄道統一経営案については、北岡、同上、参照）。

（３）大正後半期——朝鮮の三・一独立運動とそれへの対応

脱軍事化と同化

大正後半期には、特に一九一八（大正七）年に成立した原政友会内閣の時期以降、明治期に確立された植民地官制の内容に少なからぬ改正が行われました。そしてその多くが枢密院に付議され、枢密院はそれらに対する態度決定を求められることとなりました。それらの改正の基本的な方向は、一つは植民地統治の脱軍事化、とりわけ脱陸軍化であり、もう一つは植民地と本国との「同化」でした。そうした植民地立法改正の方向が打ち出されたのは、必ずしも日本の自発的な企図ではありません。一九一九（大正八）年に朝鮮に激発した三・一独立運動に象徴される朝鮮ナショナリズムをはじめとして、南満州やさまざまなナショナリズムに直面した日本の政府の、いわば不可避的な対応に他ならなかったのです。

しかもそのような対応は、第一次大戦後の欧米諸国との国際協調を維持するためにも必要でした。国際協調とナショナリズムという第一次大戦後の二つの時代の要請に対して、帝国主義の遺産をいかに守るかという問題意識から生まれたのが、大正後半期における一連の植民地官制改正の試みだったのです。

関東庁設置と文民長官

ただし、すでに原内閣は三・一独立運動に先立って、南満州統治の改革に着手し、関東庁官制を提案していました。従来、陸軍大・中将である関東都督に集中していた軍事・行政・経済の三権を分離し、行政と経済の分野にも及ぶ陸軍の主導権の廃絶を企てたのです。具体的には関東都督府を廃止し、行政部門を独立させ、それを担当する関東庁を設置し、その最高責任者である関東庁長官の文官化と自由任用を可能にしたのでした。

この改革の第一の狙いは、関東都督の文官化にありました。それを実現するために、関東庁官制制定に踏み切ることになったのです。しかも原はそれを陸軍部内からの自発的な提案の形にするために、山県の推薦によって就任した陸軍大臣である田中義一にイニシアティヴを委ね、田中をして寺内前首相らを説得させました。それとともに、従来、関東都督府の陸軍部という形をとっていた軍隊部門を独立させ、新たに関東軍司令部を設置することによって、関東軍司令官が関東庁長官とは別に軍隊を統率するという体制を布いたのです。要するに、これは関東庁と関東軍司令部との二本立てによる政軍分離の制度化の試みでした。

ただこの場合、関東軍独立の制度改革の理由は、陸軍の立場からは将来の北満州、すなわち関東州租借地外および満鉄付属地外への作戦を想定し、南満州行政に拘束されない軍事行動の自由を確保することにあると説明したのです。

この点について、関東庁官制案の審査を担当した金子《かねこ》堅太郎《けんたろう》枢密院審査委員長は、審査報告の中で、「時勢の推運と共に関東都督をして北満州に移動せしむるの必要あることあり。文武官相兼ねしむること不便なる場合少からざるが故に……別に関東軍司令部を置き専ら軍事行動の衝に当らしめ行政の全般は文官たる関東長官をして之を統轄せしむ」と説明している。

もちろん当時の陸軍が現実的な可能性として、北満州作戦を想定していたとはいえませんが、要するにそれは、関東都督府の廃止に伴う政軍分離を陸軍に受け入れさせるための、おそらく田中陸相らによって考案された理由づけでしょう。しかし、そのような関東軍司令部設置の理由付けが事実として、それから一二年後の満州事変における関東軍の軍事行動の拡大を促進する要因となったことは注目すべきことです。

朝鮮における三・一独立運動以後、植民地統治体制の改革の基本的方向として打ち出されたのが文化的「同化」、特に教育に重点を置いた文化的「同化」政策でした。そして、これを裏打ちしようとしたのが、植民地統治における文官のイニシアティヴの確保でした。

文官イニシアティヴの確保を目指して

特に朝鮮総督府官制改正において原が期したのが、文官総督の実現です。原は政治的狡知を駆使し、それを具体的には山県有朋の養嗣子で朝鮮総督府の文官の最上位である政務総監を務めていた山県伊三郎《やまがたいさぶろう》の起用によって果たそうとしますが、さすがに山県有朋はそれを容れず、寺内前首相も同意しませんでした。

そこで原は不本意ながら田中陸相の勧告に従い、いわば妥協的な措置として、旧来の総督の任用資格(現役の陸海軍大将)を撤廃し、文官総督を可能にする制度改正を行う一方で、実際には明治末から大正初頭にかけて原の内相時代に同じ内閣(第一次・第二次西園寺内閣および第一次山本内閣)の海相を務めた海軍の長老であり、海軍予備役大将であった斎藤實を特に現役に復し、総督に任用したのでした。

朝鮮総督府官制と台湾総督府官制の両改正案は、四〇日以上に及んだ審査委員会を経て、一九一九(大正八)年八月八日の枢密院本会議に掛けられました。審査委員会はその報告において、両改正案の二大眼目である朝鮮および台湾両総督の武官制(朝鮮総督は陸海軍大将、台湾総督は陸海軍大中将)撤廃と朝鮮における憲兵警察の廃止とについては、三・一独立運動を念頭に置いて、「特に最近の情況に顧み時弊を矯正するに於て須要《しゅよう》の釐革《りかく》〔必須の改革〕」と認めました。改正原案については二点の実質的修正を加えました。一つは、朝鮮総督の地位に関する修正です。すなわち、朝鮮総督は現行官制では、天皇に「直隷」し、政務に関しては「内閣総理大臣を経て上奏を為し裁可を受く」と規定されていました。これに対して、改正案は朝鮮総督を天皇ではなく、内閣総理大臣の隷下に立たせ、台湾総督と同様に「内閣総理大臣の監督を承け諸般の政務を統理す」と規定したのです。

原案の修正

ところが審査委員長伊東巳代治《いとうみよじ》は、これを「穏当の制なりと謂《い》ふべからず」と批判して、次のような見解を披歴しました。

総督は嘗《かつ》て一国を形成し、現に壱萬五千方里の面積と千数百万とを包含する新附《しんぷ》の殊域《しゅいき》に臨み統治の重任に膺《あた》る者なり。之《これ》をして恰《あたか》も内閣総理大臣の僚属《りょうぞく》たるが如き地位に立たしむるは内外に対し総督の威望を加ふる所以《ゆえん》に非ず。而して朝鮮と台湾とは我帝国の版図に属したる歴史的径路に於て将又《はたまた》民衆の感情に於て素《もと》より其の軌を一にするものに非ず。随《したがっ》て両者総督の地位に自から差別を設くべきは統治上欠くべからざるの要諦なりとす。

つまり、朝鮮総督の地位を台湾総督に優位するものとした上で、内閣総理大臣に対しては、それから独立して天皇に直属する国務大臣に準ずる地位を付与すべきことを主張したのです。以上のような見解に立って、伊東は、枢密院側は改正原案の「(総督は)内閣総理大臣の監督を承け諸般の政務を統理す」を削除し、これに代える形で現行規定をほぼ踏襲した「総督は諸般の政務を統理し内閣総理大臣を経て上奏を為し裁可を受く」という条文を起す修正を施しました。朝鮮総督が内閣総理大臣ではなく、天皇に「直隷」するという位置づけを堅持させ、「宮中席次」において朝鮮総督が国務大臣の次位に列し、台湾総督に優越する所以を明らかにしたのです。

こうして朝鮮・台湾両総督の地位の格差が維持された結果、台湾については文官総督の出現の可能性が大きくなります。新官制施行後一九一九(大正八)年一〇月、台湾総督であった陸軍大将明石元二郎《あかしもとじろう》が死去し、後任人事の必要が生じた際、原は文官起用に踏み切り、山県系の貴族院議員で寺内内閣の逓信大臣でもあった田健治郎《でんけんじろう》をこれに充てました。朝鮮総督に山県有朋の養嗣子山県伊三郎の起用を試みたのと同じ発想から出た人事でしょう。陸軍に君臨する山県有朋や寺内正毅との摩擦を当面の具体的人事によって最小限に抑えながら、将来における文官総督の一般化を図ろうとしたのが原の意図でした。

以後、朝鮮では遂に一度も文官総督が出現しなかったのとは対照的に、台湾総督には九代にわたって文官が任命されます。二・二六事件後に広田弘毅内閣が南方進出を打ち出した「国策の基準」に沿って、一九三六年九月、小林躋造《こばやしせいぞう》海軍大将が就任するまでの一七年間、文官総督が続いたのです。

さて、枢密院側が改正原案に施した第二の修正は、朝鮮・台湾両総督の軍隊統率権に対する修正でした。改正原案によれば、両総督が武官である場合には、これに軍隊統率権を与え、したがって武官総督は現役が要件となっていましたが、枢密院側は軍隊統率権を持つ総督と持たない総督との二種の総督を設けることに反対し、結局、武官総督の場合にも当然には軍隊統率権を付与しないこととしたのです。この修正によって、両総督が武官総督である場合にも現役は要件ではなくなり、両総督の現役武官制は消滅したのです。総督には軍の司令官（朝鮮軍司令官または台湾軍司令官）に対し、兵力使用の請求を行う権限を認めましたが、兵力使用が必要であるか否かの判断は武官たると文官たるとを問わず、総督に留保されることとなったのでした。

以上のような両官制改正を出発点として、朝鮮と台湾について「同化」政策が具体的に展開されていきました。しかし「同化」を直線的に貫くことは容易ではなく、さまざまの迂路を用意せざるをえませんでした。

朝鮮・中枢院の改革

まず、朝鮮総督の諮問機関であり、極めて制限された形ではあるにせよ、朝鮮側の世論を公式に反映しうる唯一の総督府所属機関である中枢院《ちゅうすういん》の地位および権限を高める官制改正案が、一九二一（大正一〇）年三月一六日の枢密院本会議に付されました。中枢院は議長である政務総監を除き、副議長以下全構成員が朝鮮人によって占められていました。従来、議長、副議長を除く中枢院の構成員には三階級あり、第一が顧問定員一五、第二が賛議定員二〇、第三が副賛議定員三五となっていたのですが、顧問の定員を一〇名削減するとともに、賛議・副賛議の別を廃し、顧問削減分を加えて定員六五の参議を設け、新設の参議には賛議・副賛議が持たなかった表決権を与えました。

原案の審査にあたった二上兵治《ふたがみひょうじ》枢密院書記官長は、報告の中で、「本案の眼目は朝鮮における近時の転化に順応して同院設置の趣旨を徹底する為に必要なる改正を加へんとするもの」と説明しました。中枢院を「同化」への迂路として利用することが必要と考えたのです。

さらに一九二二(大正一一)年一二月一三日の枢密院本会議では、中枢院書記官として事実上朝鮮人を任用する趣旨を盛り込んだ官制改正案が可決されました。しかし、一〇世紀末の高麗朝以来の伝統を負い、かつての朝鮮王朝の文字通りの中枢機関であった歴史をも持ち、日本の枢密院に遥かに先駆けて、「枢密院」の名称を用いたこともある中枢院も、朝鮮の旧慣・制度の調査機関としての副次的役割以上の役割を果たすことはほとんどなかったのでした。

教育による「同化」政策

また、教科書編修官増員を目的とする朝鮮総督府官制改正案が、一九二一(大正一〇)年七月一三日の枢密院本会議に付されました。これに関連して、朝鮮における教育政策について問われた政府当局者は、根本方針を「同化」に置くことを強調しながら、教科書の編纂にあたっては朝鮮人を用い、日朝の文化的差異に基づいて相当の内容の変更を日本の教科書に加えること、朝鮮人に対して正しい朝鮮語、および諺文《おんもん》(ハングル)を教える必要があること、歴史教育については、「日本の歴史を教ふる間に朝鮮に関する事項を稍々《やや》詳しく教ふるの方針を可なりとし、内地朝鮮の関連事項に付ては事実を枉《ま》ぐることなく有《あり》の儘《まま》教授すること」を明らかにしています。当時の日本政府当局者が教育における「同化」政策の限界を認めていたと見るべきでしょう。

教育による「同化」の制度的基盤を朝鮮と台湾について造り出そうとしたのが、一九二二

(大正一一)年一月二五日の枢密院本会議で可決された朝鮮教育令(一九一一年八月制定)改正と台湾教育令(一九一九年一月制定)改正でした。両改正共通の眼目は、朝鮮と台湾における教育について、日本人と現地人とを分けず、同一勅令によって規定し、実質においては日本人と現地人との間に、ある範囲の共学を実施するとともに、大学教育の導入等現地人に対する教育水準の引き上げを図ったところにありました。

まず朝鮮教育令について見てみます。現地人に対する大学教育や師範教育の機会の供与、それら高等教育や専門教育さらに実業教育における日本人との共学、中学校、高等女学校にそれぞれ相当する高等普通学校、女子高等普通学校の修業年限の一年延長、さらに小学校に相当する普通学校からの入学資格の四年修了から六年卒業への二年延長、これらが主たる内容でした。

しかも注目すべきことは、従来の朝鮮教育令に掲げられていた「教育は教育に関する勅語の旨趣に基き忠良なる国民を育成することを本義とし時勢及民度に適合せしむることを期すべき旨の規定」が削除されたことです。これについて、審査委員長浜尾新《はまおあらた》(元東京帝国大学総長)は政府当局の説明を紹介し、「斯の如き条項を本令に存置するときは往々朝鮮人の反感を買ひ却《かえっ》て統治に不利を来すの虞《おそれ》あるが故に寧《むし》ろ之を削除するを可とすと言ふに在り」と報告しています。「同化」政策といっても、「教育勅語」による「同化」はむしろ政策自体の目的を阻害するものとして、当時の高橋是清政友会内閣(文相中橋徳五郎《なかはしとくごろう》)はこれを排したのです。

次に台湾教育令改正について見ると、これもまた「同化」を目的とする制度改正という点で、朝鮮のそれとの間に大幅な共通面があると同時に、若干の異質面がありました。まず共通面としては、現地人に対して大学教育の機会を与えたこと、大学教育をはじめ師範教育、専門教育および実業教育については日本人と現地人との共学を認めたこと、さらに教育勅語による「同化」を排除したこと等があります。

異質面としては次のようなものがありました。第一は、小学校レベルの初等普通学校については、朝鮮・台湾ともに日本人と現地人との共学は「特別の事情ある場合」を除いて、行わないことを原則としていましたが、中学校・高等女学校レベルの高等普通学校・女子高等普通学校については、朝鮮では共学を認めず、台湾では共学を認めました。そして台湾については、従来の高等普通学校、女子高等普通学校の名称を改め、それぞれ中学校令、高等女学校令に準拠する中学校、高等女学校としたのです。したがって、両者とも修業年限を延長し、私立学校の設立をも認めました。台湾においては朝鮮よりも、少なくとも制度面では高等普通教育においては「同化」が進んだといえるでしょう。

このように当時の政府当局(高橋政友会内閣)が朝鮮と台湾との間に制度上の差別を設けた理

由について、浜尾審査委員長は、日本と朝鮮との文化的異質性の大きさ、それに由来する「両者孰《いず》れも一般に共学を欲せざるの傾向」等を挙げていますが、同時に「両者共学の場合朝鮮人教員をして内地人生徒を教育せしむるときは国民思想の養成上遺憾とす所少からず」と指摘しています。日本政府当局は、日朝共学とした場合、朝鮮ナショナリズムが日本人生徒に及ぼす思想的影響に不安感をもっていたと見るべきでしょう。

また政府当局は、台湾には、高等学校令による高等学校(台北高等学校)の設置を認めたのに対して、朝鮮には認めませんでした。この措置は、朝鮮については高等普通教育での日朝共学を認めなかったのと同じ趣旨から出たものだったと思います。

帝国大学の設置

このような朝鮮教育令改正を経て、一九二四(大正一三)年四月三〇日の枢密院本会議に京城帝国大学を設置する勅令案が提出されました。これは、一九二六(大正一五)年度より法文学部と医学部から成る京城帝国大学を発足させ、一九二四年度よりその予科二年を開設するという計画を盛りこんだものでした。三・一独立運動激発後の「同化」政策の最初の文化的支柱たるべく意図されたのが、京城帝国大学設置だったのです。台湾に台北帝国大学を設置する勅令が公布されたのは、一九二八(昭和三)年三月でした。

京城帝国大学の青写真に疑問が出されたのは、主としてその法文学部設置についてでした。

顧問官石黒忠悳《いしぐろただのり》(元陸軍軍医総監。政治学者小野塚喜平次の岳父)はこの点を問題とし、政府当局者に対して次のように質しています。

「新附の地に大学を設けて高等の教育を行ふには当局者は成るべく物質的の科学に心を寄せしむる様仕向け法律、政治、哲学の如きものには成るべく導かざる様努むること可なりとの説あり。此の朝鮮の大学には医学部を置くも工学理学の如き物質的科学の学部を置かず。却て法学文学の学部を置くは如何なる見込に出づる処置なるや。」

これに対して、長野幹《ながのみき》朝鮮総督府学務局長は朝鮮青年の間に特に法学志望者が多いことを指摘した上で、次のように答えています。

「今回大学を設立するに当《あた》り法学の学部を開設せざらむには必ずや甚しく朝鮮学生を失望せしむべく彼等は「……法学を教授せば議論の喧《かまびす》しき者を生ずるの虞《おそれ》あり。又其の卒業生を官吏に採用せざるべからざるを慮りて法学の学部を開設せず」などと言ひて当局者を攻撃するならむ。……強要せられて已《や》むを得ず之を開設するよりは寧《むし》ろ始めより……朝鮮人にも自由に法学を研究せしむること朝鮮統治の大局より見て極めて必要なりと思料せらるるに由り……法学の学科を学修し得る様計画したる次第なり。」

「学問の自由」は、植民地統治の安定化という政治的な戦略目的の上からも重要な要因であるという認識を、当時の朝鮮総督府当局者さえも持っていたのがわかります。

法理学者であった顧問官穂積陳重《ほづみのぶしげ》も、朝鮮における法学政治学教育の必要を強調し、「明治一四年余の乏《とぼしき》を東京大学法学部長に承けたる際民権自由の論天下に喧しかりし為或は法科の学問を奨励するは不可なり。成るべく理工科の学問を以て実業方面に誘致すべしとの説を成す者ありき。斯くの如きは実に古き思想なり。政治法律の学問は宜しく之を善導せざるべからず」と述べました。ちなみにかつて一八七九(明治一二)年に井上毅《いのうえこわし》が起草し、伊藤博文の名において天皇に呈出された「教育議」という文書は、高等教育機関の学生が「政談の徒」となることに警戒の意を表し、これを「科学」の方面に進ませるようにしなくてはならないと主張しています。そして、「けだし科学は実に政談と消長を相為す者なり。若《も》し夫《そ》れ法科・政学は其試験の法を厳にし、生員を限り、独り優等の生徒のみ其の入学を許すべし」と提言しています。穂積の記憶にあったのは、おそらくこの「教育議」の文言であったかもしれません。穂積は当時の自らの経験に省みて、自由民権運動に対する東京大学法学部の意義をもって、朝鮮ナショナリズムに対する京城帝国大学法文学部の意義を理解しようとしたのでしょう。

しかし「同化」政策は、最大限の善意と最高度のソフィスティケーションをもってしても、朝鮮や台湾のナショナリズムを鎮静させることはできませんでした。日本側は「同化」政策によって朝鮮や台湾のナショナリズムを眠らせようとしたわけですが、逆にそれによって眠らされたのは日本側でした。しかも、日本側の眠りは、深く安らかなものではありえなかった。朝鮮、台湾、さらに南満州におけるナショナリズムは、依然として植民地帝国日本を内部から脅かす不断の潜在的脅威でした。当時の日本の政治体制の根源的不安定性は、敵対的ナショナリズムを内部に蔵していた植民地帝国日本の存在それ自体に起因するものであったことは否定できないことです。

「拓務省」の名称の意図

三・一独立運動後の「同化」政策の特徴を顕著に表しているのが、一九二九(昭和四)年六月に田中義一政友会内閣の下で発布された拓務省官制です。これを審議した枢密院本会議議事録を見ると、植民地化を管轄する官庁の名称としては、すでに台湾領有後、一八九六年から一八九七年にかけて設置されていた「拓殖務省」という名称の方が適切ではないかという意見が顧問官の中にあり、当初は政府原案でも「拓殖務省」という名称が採られていました。その問題をめぐって、質問が枢密院本会議に出されます。これに対して、田中義一首相はなぜ「拓殖務省」ではなくて「拓務省」を採ったか、その理由を次のように説明しました。

拓殖省の名称を拓務と改めたるは、ご承知の通り、該官制中に朝鮮部（朝鮮総督府に関する事項を主管する部局）設あり。従って拓殖省と称し、朝鮮を殖民地と見るが如き感念を新附の民に与ふるは穏当ならず。朝鮮人の感情を害するの慮《おもんぱか》りあるが故に、殖民地の殖の字を除きて拓務省となせるなり。

この説明に対して、質問者は「然らば朝鮮人の感情を慮りて拓務省と為したるものにして、拓務といふも開拓のみを司《つかさど》るの意に非ず。即《すなわち》文字は面白からざるも、朝鮮人の感情を慮りて斯く定めたるものと解し可なるか」と確認を求めたところ、田中首相は「ご解釈の通りなり」と答えています。

要するに、大正後半期以降、主として一九二〇年代の「同化」政策に伴って、日本の政府当局者は植民地という名称は公式の名称として使用することはもちろん、それを連想させるようなことは避けたいと考えたのです。そこに「同化」政策の特徴が顕著に表れています。

たとえば、「拓務省」をどのように英語で表記するかも、「同化」政策との関連で問題となりました。日本政府当局者は公式の訳語としては、Colony とか Colonial Affairs とかいった語句を含まない訳語が望ましいと考え、結局、“The Ministry of Oversea Affairs” という名称を採用したといわれています。

以上に見たように、日本の植民地統治体制にも第一次大戦後の脱帝国主義の時代の影響が及びました。「同化」政策はそれを体現していたのです。帝国主義の遺産を脱帝国主義の時代にふさわしい形でいかにして守るかという問題意識が、「同化」政策の根底にはあった。拓務省官制はそのような問題意識の所産だったのです。

ところで同じ問題意識に基づいて、一九三〇年代以降に登場したのが、帝国主義に代わる国際政治イデオロギーとしての「地域主義」でした。それは脱帝国主義の時代の影響を払拭し、満州事変以降の日本を主体とする東アジアの国際政治変動によってもたらされた結果を正当化しようとしたのです。

以下では、一九三〇年代以降の植民地帝国日本の新しい（そしてその最後の）イデオロギーとなった「大東亜共栄圏」にいたる「地域主義」の展開を追跡していきます。

4　新しい国際秩序イデオロギーとしての「地域主義」

蠟山政道の「地域主義」

日本において国際的地域主義概念が登場するのは、満州事変以降の一九三〇年代前半のことです。一九三三年一月に国際連盟協会発行の雑誌『国際知識』に発表された政治学者蠟山政道《ろうやままさみち》の論文「世界の再認識と地方的《リージョナル》国際連盟」は、おそらく日本で初めて国際的地域主義の概念を提示し、それを当時の日本の置かれた国際状況に適用すべきことを説いた先駆的な論文です。蠟山は、近い将来における日本の国際連盟脱退を予期し、その後の日本の依拠すべき国際秩序原理として国際的地域主義を唱えたのでした。この論文の中で、蠟山は日本がたとえ国際連盟を脱退した後も、単なる「国家主義」に回帰することなく、「太平洋における地方的平和機構」や「国際連盟の極東地方組織」のような「地域主義」に基づく「新国際平和機構」を拠点とするよう主張しました。それは国際連盟の地域主義的再編成の構想でした(なお、蠟山は、この論文では“Regionalism”を「地方主義」と呼び、“Regional”を「地方的」と呼んでいるのですが、一九三八年にこの論文を著書『世界の変局と日本の世界政策』に再録した際に、「地方主義」を「地域主義」に、「地方的」を「地域的」に改めています)。

第一次大戦後の国際連盟に体現される「国際主義」の洗礼を受けた蠟山にとって、一九三一年以降に台頭した「国家主義」との間の現実的な選択肢は、「国際主義」の修正としての「地域主義」でした。蠟山は国際的地域主義をその原基である国内地域主義に類比し、「それは恰《あたか》も一国内に於ける地域制が現行の地方制度の有する欠陥を根拠として新たなる国家の地方組織を案出せんとするに似てゐる」と指摘しましたが、同時に「その場合に於いても国家そのものの統一については何の変更も為し得ない如く、世界組織としての地域制も世界平和機構の原理に背反することは許されない」と断じています。

しかし、このような目的意識をもって導入された「地域主義」は、激変する国際状況の中で、従来の普遍主義的な国際秩序を修正する原理であることを超えて、日本の対外膨張によってつくり出された既成事実を追認し、正当化するイデオロギーとしての役割を担っていきます。一九三〇年代から四〇年代前半にかけての日本の「地域主義」は、一方で軍事力を主要な手段とする日本の政治的経済的支配に抵抗する中国その他の民族主義を否定するとともに、他方で東アジア、後には東南アジアを含む「大東亜」における欧米の先進的帝国主義に対抗する意味を付与されたのです。

（1）一九三〇年代――「帝国主義」に代わる「地域主義」の台頭

国際主義から地域主義へ

一九二〇年代の日本は基本方針として普遍主義的国際主義、いいかえれば欧米先進国によって主導されるグローバリズムを採りました。当時のグローバリズムを形成していたグローバル・スタンダードは、政治的には軍縮条約であり、経済的には金（為替）本位制でした。前者が政治的国際主義、後者が経済的国際主義のそれぞれの基軸でした。一九三〇年一月には日本は金解禁を実施することによって、第一次大戦中に離脱した金本位制に復帰し、またこれと踵を接して、一九二二年のワシントン海軍軍縮条約を補完するロンドン海軍軍縮条約を成立させます。それらは一九二〇年代の日本を方向づけたグローバリズムの到達点でした。

ところが、わずか一年で日本および世界は一変します。一九三一年をもって日本と世界にとっての第一次大戦の「戦後」は終わるのです。そして一九三一年から日本の軍部によって引き起こされた国際環境の変動に伴って、従来日本においては傍流ないし底流に止まっていた「地域主義」が、外国の事例をモデルとしながら、俄然時代の本流に転ずることになります。それは日本の国際連盟脱退の原因となった満州事変以後の東アジアの国際的な現実を正当化する新しい概念として流通するにいたるのです。

それは第一に、国際連盟によって組織として体現されたグローバリズムの否定を意味しました。「地域主義」は、日本の国際連盟脱退によって、東アジアにおいてはグローバリズムが現実的な基礎を失ったという見解に基づいていました。同時に第二に、「地域主義」は「民族主義」の対立概念として提示され、「民族主義」を超える新しい国際秩序の原理と見なされました。普遍主義的国際法によっては説明できない日本との特殊な関係をもつ「満州国」の出現は、統一的主権国家の確立をめざす中国民族主義とは明らかに抵触するものであり、中国民族主義に対抗して日満間の特殊な関係を正当化するには、「民族主義」ではなく、「民族主義」を超える「地域主義」の原理を対置する必要があったのです。しかも第三に、国際連盟脱退後の国際的孤立化を恐れていた当時の日本は、国際連盟に代わる何らかの国際機関を必要としていました。グローバルな国際組織に代わる地域的国際組織の中に日本の生きる砦を見出そうというのが、「地域主義」を導入する当初の根本動機だったのです。

モデルとしての汎ヨーロッパ主義

当時の「地域主義」の有力なモデルの一つは、リヒャルト・クーデンホーフ＝カレルギー(Richard Coudenhove-Kalergi)の「汎ヨーロッパ主義」でした。それをアジアに適用し、「汎アジア主義」を主張した者もありました。クーデンホーフ＝カレルギー自身も当時、「汎ヨーロッパ主義」モデルのアジアへの適用可能性を認めています。彼は一九三一年一一月に汎ヨーロッパ主義運動の機関誌 *Pan Europa* に載せた論文「日本のモンロー主義」（一九三二年一月の『国際知識』に翻訳・転載）において、日本の「東亜モンロー主義」はアメリカおよび大英帝国のそれぞれの先例に続く「第三のモンロー主義」であり、汎ヨーロッパ主義とも完全に両立すると述べているのです。そしてこの論文は、国際連盟が米国および英国の「モンロー主義」を認めているように、アジアおよびヨーロッパの「モンロー主義」を認め、国際連盟の地域主義的再編成を図るべきであると主張しています。

「東亜新秩序」

日中戦争が勃発し、一九三八年一一月に日本が戦争目的として「東亜新秩序」を唱えるに及んで、「地域主義」は「東亜新秩序」を基礎付ける原理となりました。

第一次近衛文麿内閣外相有田《ありた》八郎《はちろう》は駐日英国大使に対して、中国の状況は一変したとして、「東亜経済ブロック」論を述べましたが、有田の念頭にあったのは、やはり汎ヨーロッパ主義モデルであり、有田はこれに準拠して、「東亜新秩序」の経済的部分としての「東亜経済ブロック」の存在を正当化しました。また「東亜新秩序」の指導原則として「東亜協同体主義」を挙げる人もいましたが、これは「東亜新秩序」のモデルを米国を中心とするアメリカ大陸の国際秩序に求めるものでした。

こうして日中戦争前において、国際連盟を中心とする従来の国際法秩序の修正原理ないし補完原理として唱えられた「地域主義」は、日中戦争勃発後は、もはやそのような例外的局地的な秩序原理に止まらず、それ自体世界的一般的な秩序原理と見なされるにいたったのです。地球上は、自然と文化との有機的統合を図るならば、均衡がとれた数個の地域に分かたれていくであろうとの見通しの下に、「地域主義」によって「地域的協同体を根幹とする世界新秩序」が構想されました。ヨーロッパにおいて独伊両国を中心としてつくられていく「欧州新秩序」、そして東アジアにおいて日本を中心としてつくられていく「東亜新秩序」は、いずれも「地域主義」に基づく「世界新秩序」を構成する一環として位置づけられたのです。当時の「地域主義」論者は、「西欧的秩序の基本的要素の一つである主権的独立をもった民族国家の解消」に「欧州新秩序」の「革命」的意義を見出しましたが、それと同じ過程が日中戦争を通して、東アジアにおいても進行しつつあると認識したのです。

地域主義の対抗者

当時の「地域主義」論者にとって、彼らが志向した「東亜新秩序」への主たる障害は二つありました。一つは中国民族主義、もう一つは中国民族主義を利用し、これと提携した欧米帝国主義でした。

「地域主義」論者は、国民国家の確立を志向する民族主義（ナショナリズム）がかつてヨーロッパ世界において果たしたような普遍的国際秩序原理としての歴史的役割を失ったと見ました。非ヨーロッパ世界において、日本が国民国家の建設に成功したのは、日本特有の幾多の条件に恵まれた結果であるとして、その例外性を強調しました。したがって「地域主義」論者は、民族主義はもはやアジアを救済する原理とはなりえないという見解をとったのです。「地域主義」論者によれば、中国民族が生きていくためには、民族を超えた日本を中心とする地域的連帯に目覚めることが必要であり、ここに彼らは日中戦争が戦われなければならない重要な理由を求めました。要するに、彼らによれば、日中戦争の終極の目的の一つは、民族主義の超克にあったのです。

さらに「地域主義」論者にとって、「地域主義」に対立する秩序原理は、民族主義とともに「帝国主義」でした。「帝国主義」は本来的に欧米帝国主義として考えられたのです。これが最終的に対米英戦争を正当化した「地域主義」の論理でした。

「地域主義」論者の中には日本の大陸政策そのものの中に「帝国主義」的傾向を看取し、欧米帝国主義と区別される大陸政策、すなわち「民族が協同関係に立つ地域的運命共同体」を育成する政策を日本が準備する必要を説いたものもいました。しかし当時の「地域主義」の反帝国主義的側面は、圧倒的に欧米帝国主義を標的としており、自国の政策に対する批判としてはきわめて微弱でした。そしてその反民族主義的側面が事実上帝国主義的側面を形成していたのです。

一九四〇年代の「大東亜」

こうした「地域主義」のイデオロギー的影響は、日本の国際法学にも及びました。一九四〇年に「大東亜新秩序」(さらに「大東亜共栄圏」)が提唱されると、日本の国際法学界はこれに応えて、「大東亜国際法」の構築に乗り出しました。その際モデルとして重視されたのは、一つは当時のナチス・ドイツの公法学者たち、とくにカール・シュミット(Carl Schmitt)によって提唱された欧州広域国際法の理論、またもう一つはモンロー・ドクトリンにあらわれた米国を中心とするアメリカ大陸の国際法秩序でした。これら二つの事例は、「地域主義」的国際法の原理を提示したものとして、「大東亜国際法」の先駆と見なされたのです。

以上に見たように、一九三〇年代から四〇年代にかけて、日本の支配的なイデオロギーとなった「地域主義」は、日本の軍事力によって先導された政治的経済的意味の「地域主義」であって、文化的意味をほとんどもたないものでした。「地域主義」が排撃した民族主義にしても、主要な標的は軍事的政治的経済的民族主義であって、文化的民族主義に対しては「地域主義」はほとんど無関心で、また無力でした。要するに、この時期の日本主導の「地域主義」は、文化的基礎づけを欠いていたといえます。

(2) 太平洋戦争後——米国の「地域主義」構想とその後

冷戦戦略としての「アジア地域主義」

日本の敗戦は、日本の自国中心の「地域主義」、とくに一九三〇年代前半以降の「地域主義」に終止符を打ちました。敗戦後の日本は、もはや独自の「地域主義」をもちませんでした。

しかしそのことは、敗戦後の日本がいかなる「地域主義」とも無関係であったことを意味するものではありません。冷戦期の米国の対日政策に関する内外の研究が示しているように、日本の敗戦後のアジアにおいては、一方で日本の敗戦前の「地域主義」から解放されたさまざまの民族主義が自己主張を開始しますが、他方で、英国や日本に代って、非共産圏アジアに対して支配的影響力を獲得するにいたった米国が冷戦の展開に対応して、独自の「地域主義」的国際秩序を構想し、その中に日本を位置づけたからです。それは日本をアジアの経済的な地域的中心軸として擁立し、共産主義、とくに中国共産主義の進出を抑止しうるアジア独自の国際秩序をつくり上げようとするものでした。

それは具体的には、重点的に日本の工業力を再建・増強するために、原料供給地や市場としてその他のアジア諸地域(特に韓国・台湾)を日本に結びつけ、非共産圏アジアに一種の「垂直的国際分業」システムを機能させる。そのことによって、米国が過重な財政負担を負うことなしに、共産主義に対抗しうる強固な地域体制を実現しようとしたものでした。一九四八年頃から始まった米国の対日占領政策の転換の背景にあって、これを支持・推進したのが米国のアジア地域主義構想でした。

米国が冷戦戦略の一環として課そうとした戦後アジアの「地域主義」は、その防共イデオロギーと日本を中心とする「垂直的国際分業」構想とにおいて、かつての日本が課した「地域主義」――「大東亜新秩序」・「大東亜共栄圏」――を連想させるものでした。それは当然にアジア諸国の民族主義、とくに自立的工業化による脱植民地化をめざす経済的民族主義と抵触しました。とくに韓国の李承晩《イスンマン》政権の反日民族主義は、その代表例でした。

以上のような形で、日本は米国の冷戦戦略に組み込まれたことによって、日本がかつて東アジアや東南アジアに広がる植民地帝国であった歴史的事実を意識下の海底に放置することになったのです。そのことが冷戦後、日本を改めて「脱植民地帝国化」の課題に直面させることとなったと考えます。

冷戦終焉と地域主義の変容

一九七〇年代に入ると、それまで米国のアジアにおける「地域主義」構想を成り立たせてきた条件が急速に変化していきます。第一はアジアにおける冷戦（とくに米中冷戦）の終焉です。一九七一年の中国の国連代表権獲得、一九七二年のニクソン訪中とその後の紆余曲折を経て一九七九年初頭に実現した米中国交正常化、さらにその間におけるヴェトナム戦争終結がそれへの画期となったことはいうまでもありません。これによって、従来の日本を中心とするアジア地域主義は、少なくとも冷戦戦略としては意味を失っていきます。

第二は、アジアにおける冷戦の終焉によって、イデオロギーによって分断されていた地域をグローバリズムの奔流が貫通し始めたことです。かつて冷戦に対処する政治経済戦略としての役割を果たすことを求められた「地域主義」の枠組は、冷戦後においてはグローバリズムによって引き起こされる地域共通の諸問題に対処することを求められるのです。

第三は、覇権国によって課される「地域主義」に反発していたアジアのさまざまの民族主義が経済力の裏付けを得て、もはや米国が予定していたような日本を中心とする「垂直的国際分業」システムを受け入れる可能性がほとんどなくなったことです。こうしてアジア諸国は、戦前・戦中は地域的覇権国たる日本によって、戦後は世界的覇権国たる米国によって課されたす。

「地域主義」から解放され、今や相互の対等性を前提とした「水平的統合」を志向する新しい「地域主義」を模索しつつあるように思われます。それはアジアにおいては、全く初めての歴史的実験です。この新しい段階の「地域主義」において問われているのが、その文化的側面です。

アジア文化はあるのか

竹山道雄の『ビルマの竪琴』に、敗戦後のビルマからの復員を翌日に控えた日本の兵士たちを、現地に残ることを決意した水島上等兵が僧形に身を変えて収容所の柵の外で密かに見送る場面があります。水島上等兵は、竪琴に乗せて兵士たちの「埴生《はにゅう》の宿」の合唱に伴奏するとともに、最後に惜別の想いをこめて、原曲がスコットランド民謡である「仰げば尊し」の旋律を奏するのです。当初竹山はこの場面で、ビルマを含むアジア地域共通の、広く親しまれた歌曲の旋律を選ぶことを考えましたが、適当なものに思い至らなかったといわれています。そして著者は結局ビルマの旧宗主国で生まれた、日本の『小学唱歌集』に収められている二つの歌曲の旋律を選んだのでした。ビルマと日本とは共通の歌をもっていなかったのです。

このようなことは、ビルマと日本との間だけのことではありませんでした。古来、より密接な関係を維持してきた日本と中国との間についても同様だったと思います。竹山は、当時日中間にも共通に親しまれた歌曲を見出し難かったと述べています。

アジアにおける国境を超えた音楽文化の不在は、少なくとも「ヨーロッパ文化」と同じ意味の「アジア文化」の存在に疑念を抱かせるものです。津田左右吉《つだそうきち》が『支那思想と日本』(一九三八年)という著書において、政治思想、道徳思想、宗教、文学等の比較を通して、日中間の文化的同一性(ひいては「東洋文化」の概念)を否定し、むしろ日本文化と「西洋文化」との共通性を指摘しています。この見解は、当時の国策を根拠付ける「東亜新秩序」の理念を否定するものとして強い反発を引き起こしましたが、同時にそれは強い説得力をもつものでもありました。

しかし、従来の「アジア文化」の希薄性を示すさまざまの歴史的事実にもかかわらず、「アジア文化」を今日の課題として論ずることは決して無意味ではありません。特に日本にとって、アジアは単なる地理的概念ではないのです。今日の日本がアジアの近隣諸国の世論や経済の動向に大きく影響されていることは、日本人の誰もが実感していることでしょう。その意味で、「アジア」は日本にとって、生活の現実に裏付けられた概念です。「文化」はこのような生活の現実から生まれます。津田左右吉が思想史家として重視したのは、生活の現実と結びついている「思想」であり、そのような「思想」を構成要素とする「文化」でした。

これまでアジアにもそれなりの共通の生活の現実はありましたが、それを形成したのは、主として前近代の中華帝国、近代以降のヨーロッパ諸国や日本のような植民地帝国、さらに冷戦下の米国や中ソ両国のような覇権国を発信者とする垂直的コミュニケーションでした。そこでは相互に対等なさまざまのアクターの間の水平的コミュニケーションに基づく文化は生まれなかったのです。共通の歌は、そのような「文化」の表現です。今やアジア、とくに日韓中三国の若い世代の間にいくつかの共通の歌が生まれつつあることは、「アジア文化」が漸くその実質をもちつつあることの一つの徴候としてとらえることができるかもしれません。

新しい「地域主義」の模索へ

冷戦の終焉に伴って顕在化した日韓中三国間の「歴史認識」の政治問題化も、それぞれの民族主義の摩擦という面があることはいうまでもありませんが、同時に事実として共通の「歴史認識」を通しての新しい「地域主義」の模索という面があることも否定できません。日本も韓国も、それぞれの近代史を一国史として書くことはできません。少なくとも日本の近代は、韓国、さらに朝鮮全体の近代と不可分です。日本の近代の最も重要な特質の一つは、アジアでは例外的な植民地帝国の時代をもったことにありますが、その時代の認識は、同時代の朝鮮全体の現実――今日いわれる朝鮮にとっての「植民地近代」の現実――の認識なくしてはありえません。その意味の日韓両国の近代の不可分性を具体的に認識することが、両国が歴史を共有することの第一歩なのです。このことはまた中国についても同様です。

第四章　日本の近代にとって天皇制とは何であったか

1　日本の近代を貫く機能主義的思考様式

ヨーロッパ化という課題

日本の近代とは、明確な意図と計画をもって行われた前例のない歴史形成の結果でした。前近代の日本には、おそらくこれに対比しうる顕著な歴史形成の目的意識性を見出すことは難しいでしょう。しかし、そのことは必ずしも日本の近代の歴史的独創性を意味するものではありません。幕末の開国に始まる日本の近代は、当時すでにヨーロッパにおいて確立されていた国民的生産力の発展の度合を基準とする価値観、世界資本主義を受け入れることを前提として形成されたからです。それは歴史家E・J・ホブズボームが描いた一八四八年以降の世界的な「資本の時代」の価値観です。すでに序章で引照したマルクスの『資本論』第一版（一八六七年）の序文の中の命題、すなわち一九世紀後半の世界においては産業上の先進国が後進国の将来のイメージを示しているという命題は、当時の日本にとって自明でした。日本は、当時の世界の中心であったヨーロッパ先進国、とりわけ英国でつくられた後進国の将来像に従って、近代の歴史形成に着手したのです。そのモデルがヨーロッパ先進国でした。

しかし当時の日本にとって、将来の到達すべき目標は自明でしたが、それに到達する過程や方法は不明であり、未知でした。ヨーロッパというモデルはあったものの、ヨーロッパ化のモデルはなかったのです。もし日本の近代に何らかの歴史的独創性を認めるとすれば、少なくとも東アジアにおいては、それが前例のないヨーロッパ化の実験であったことにあるというべきでしょう。

ところがヨーロッパそのものは反復不可能な一回的な歴史的実体です。日本はそれをそのまま再形成することはできません。日本は自らをヨーロッパ化する実験に先立って、それを可能にするようなヨーロッパのイメージを持たなければなりませんでした。それはヨーロッパの歴史的実体性をできるだけ捨象した操作可能なものでなければならなかったのです。日本のヨーロッパ化の先導者たちは、歴史的実体としてのヨーロッパを導入可能な諸機能の体系(システム)とみなしました。そして制度や技術や機械その他の商品を通して、一九世紀後半のヨーロッパ先進国が備えていた個々の機能を導入し、それを日本において作動させることによって日本のヨーロッパ化を図ろうとしたのです。

ところが、このような機能的ヨーロッパ化を図るには、何よりも日本自身が機能の体系として再組織されなければなりませんでした。そしてその前提として、機能的ヨーロッパ化を推進する国民的主体に対して機能主義的思考様式の確立が要請されました。福沢諭吉が『文明論之概略』において「物の貴きに非ず、其働きの貴きなり」と説いたのは、まさに機能主義的思考様式の重要性を強調したものでした。

機能主義的思考の系譜

福沢と並んで、明治期の自由主義的資本主義の最大の先導者であった田口卯吉《たぐちうきち》は、その文筆活動のみならず、出版活動、実業活動、政治活動にまで及ぶ多彩な百科全書家的活動を通して、身をもって機能主義的思考様式の何たるかを示した人物です。田口の生涯は一身の利害よりも、自ら選んだ公共的目的への献身を優先する機能的合理主義者の軌跡でした。田口は個人主義者でしたが、自己実現を追求するというよりも、自己を機能化し、役割化して生きることを選んだように思います。

福沢、田口によって示されたような明治期の機能的合理主義を大正期において継承したのがジャーナリスト長谷川如是閑《はせがわにょぜかん》でした。長谷川は、自らが育った江戸時代以来の職人の伝統の中に、日本の近代化を推進する機能主義的思考様式の原型を見出したのです。幸田露伴《こうだろはん》の『一口剣』や『五重塔』に職人倫理の人格的表現を見た長谷川は、自ら握る筆を父祖が握ってきた大工道具の鑿《のみ》と同一化します。長谷川如是閑もまた個人主義者でしたが、何よりも社会的機能への献身に個人の価値を認めたのです。長谷川にとって、個人はそれ自体において価値を持つ実体的価値ではなく、その働きにおいて価値を持つ機能的価値でした。マルクスの『資本論』の分析によれば、「交換価値」に転化しうる「使用価値」といってよいでしょう。長谷川が大正後半期から昭和初期にかけてマルクス主義に接近して行く一つの伏線を、そこに見出すことができます。

大正・昭和期において、長谷川如是閑よりも年少の経済ジャーナリストとして活動し、戦後は首相にも任ぜられた石橋湛山《いしばしたんざん》は、日本のプラグマティズムを代表する思想家であった田中王堂《たなかおうどう》の決定的影響を受けました。田中は福沢の機能主義的相対主義的哲学を高く評価し、その名著『福沢諭吉』は後年の丸山眞男の著名な論文「福沢諭吉の哲学」にも強い影響を与えましたが、同様の影響は石橋にも及んでいます。田中を媒介として、石橋は福沢の思想的系譜の上に位置づけることもできるでしょう。

以上のような日本の近代化を推進した機能主義的思考様式は、日中戦争以後の昭和戦時期の統制経済論にも顕著に見られます。この時期の代表的な経済ジャーナリストであり、近衛文麿を中心とする「新体制」運動をイデオロギーや政策の面で支えた昭和研究会のメンバーである笠信太郎《りゅうしんたろう》の著書『日本経済の再編成』はその一例です。それは計画経済を主軸とする「経済新体制」の枠組を提示したものでした。笠はその経済分析のための主要な道具をマルクス経済学から引き出しましたが、それを一九三九(昭和一四)年当時の戦時の必要に応ずる日本経済の「再編成」のために駆使したのです。国家の死滅を予定するマルクス主義の世界観および哲学を母胎とする経済学を、逆に国家目的に奉仕させようとしたわけです。当時日本ではマルクス経済学は非イデオロギー化され、大国ソ連の経済建設の試練を経た最も実用的な計画経済の理論とみなされていたといえます。日本近代に特有の学問に対する機能主義的で実用主義的な態度の一つの典型をそこに見ることができるのです。

森鷗外が一連の「史伝」で描いた江戸時代末期の学者たちの学問は、明治期の機能主義的で実用主義的な学問に対する反対命題でした。鷗外が「史伝」の著述にあたって、そのことを明確に意識していたことは明らかです。

ヨーロッパに見合う機能の体系として構想され、実現されていった日本近代の特徴を、ポピュラーな歴史小説を通して高度成長期以降の日本人の歴史認識に影響を及ぼした司馬遼太郎は、歴史上のさまざまな組織や人物の中に認めています。新撰組は斬新な組織感覚によって形成された先駆的な機能集団としてとらえられましたし、大村益次郎《おおむらますじろう》は自らを徹底的に機能化した人物として描かれました。

しかし歴史的実体としてのヨーロッパは、いうまでもなく機能の体系としてとらえきれるものではありません。そのようなヨーロッパのとらえ方は、ヨーロッパ像を近代に偏った一面的なものにします。この点を衝いたのが、明治期においては例外的に深い欧米体験を持った永井荷風でした。荷風は一九〇九（明治四二）年に発表された「新帰朝者日記」の中で「新帰朝者」に次のようにいわせています。

僕の見た処西洋の社会と云ふものは何処から何処まで悉《ことごと》く近代的ではない。近代的がどんな事をしても冒す事の出来ない部分が如何なるものにもチャンと残つて居る。つまり西洋と云ふ処は非常に昔臭い国だ。歴史臭い国だ。

荷風の問い

ヨーロッパには「近代」に還元されえない本質的なものがあるという荷風の洞察は、後年文芸評論家中村光夫に深い感銘を与えました。中村もまた、一九四二（昭和一七）年一〇月号の『文学界』掲載の大座談会「近代の超克」のために寄稿した「「近代」への疑惑」という論文の中で、「僕等は何故ヨーロッパについてその古さも理解せず、その所謂新しさを追ふ狂態を繰り返して来たのであるか。今日僕等の常識化したヨーロッパ観に、何故こういふ重大な遠近法の誤差が生じたのであらうか」という疑問を投げかけています。そして、その原因を「機械とこれを運用するに適した社会」としてのヨーロッパのみに着目してきた日本の近代化そのものに帰しているのです。

アジア・太平洋戦争の緒戦における日本の軍事的優勢、特に東南アジアにおけるヨーロッパ植民地の奪取に伴って、日本の知識人の間にも、「近代の超克」という文言に象徴されるような明治以来の国家の嚮導概念としての「近代」概念に対する疑念や否定論が台頭し始めました。それと同時に、日本の「近代」を方向づけた非歴史的な機能主義的「ヨーロッパ」概念に対する自省の兆候も見え始めたのでした。当時の中村光夫の所論はその一例でしょう。中村は、第二次世界大戦の勃発とヨーロッパの崩壊を、ナチ・ドイツの軍事力によって脅かされるフランス現地において、身をもって体験したのでした。

丸山眞男の「近代」

このような時代状況の中で、幕藩体制イデオロギーの内部から徂徠学の発展や国学を媒介として事実上近代を促進する契機が自生していった過程を追跡した論文を公表した丸山眞男は、「近代の超克」の呼号に反発し、あくまで「近代」をテーマとすることを変えませんでした。戦後この論文を含む著書が改めて刊行された際に、丸山は当時を顧みて、「近代の「超克」や「否定」が声高く叫ばれたなかで、明治維新の近代的側面、ひいては徳川社会における近代的要素の成熟に着目することは私だけでなく、およそファシズム的歴史学に対する強い抵抗感を意識した人々にとっていわば必死の拠点であったことも否定できぬ事実である」と述べ、「私が徳川思想史と取り組んだ一つの超学問的動機もここにあった」と説明しています。

丸山の場合、「近代」概念は機能主義的思考様式によって基礎づけられた福沢イデオロギーによって補強され、戦争下の日本の現実を批判する理念的根拠となりました。それは戦後においても、一九四六年五月の『世界』に発表された論文「超国家主義の論理と心理」に始まる丸山の思想活動を貫いたといってよいでしょう。

2　キリスト教の機能的等価物としての天皇制

機能を統合する機能

福沢を経由して丸山にも及ぶ日本近代化の推進力としての機能主義的思考様式は、最も機能化することの困難なヨーロッパ文明の基盤を成す宗教をも基本的な社会機能ないし国家機能としてとらえ、キリスト教がヨーロッパにおいて果たしている、このような機能を日本に導入しようとしました。日本を近代化し、ヨーロッパ的な機能の体系として形成し維持するには、さまざまな諸機能を統合する機能を担うべきものを必要とします。明治国家形成にあたった政治指導者たちは、ヨーロッパにおいてこの機能を担っているものを宗教＝キリスト教に見出したのです。明治前期の日本人の宗教観については、渡辺浩「「宗教」とは何だったのか」(『東アジアの王権と思想』増補新装版、東京大学出版会、二〇一六年所収)を参照してください。

伊藤博文は一八八八(明治二一)年五月、枢密院における憲法案の審議の開始にあたって、憲法制定の大前提は「我国の機軸」を確定することにあることを指摘し、「ヨーロッパには宗教なる者ありてこれが機軸を為し、深く人心に浸潤して人心此に帰一」している事実に注意を促しています。ヨーロッパにおいてキリスト教が果たしている「国家の機軸」としての機能を日本において果たしうるものは何か。これが憲法起草者としての伊藤の最大の問題だったのです。

グナイストの勧告

このような問題意識を伊藤が持つようになったのは、伊藤が一八八二(明治一五)年から一八八三年にかけてヨーロッパに赴き、憲法起草のための調査にあたった際、講義を通して深い影響を受けたプロイセンの公法学者ルドルフ・フォン・グナイストの勧告によるところが大きいと考えられます。

今日伊藤自身が直接に聴いたグナイストの講義の記録は残されていませんが、一八八五(明治一八)年に伏見宮貞愛《さだなる》親王が聴いた講義の記録である『グナイスト氏談話』(東京大学法学部研究室書庫所蔵)が残されています。これは憲法起草の参考資料として伊藤のもとに提出されたものですが、その中に国家体制の基礎としての宗教の役割の重要性が次のように強調されているのです。

人間自由の社会を成さんとするには一の結付《むすびつき》を為す者あるを要す……。即ち宗教なる者ありて、人々互に相愛し相保つの道を教へ以て人心を一致結合するものなかる可《べ》からざる所以なり。……宗教の内自由の人民に其の善く適当とすべきものを可成丈《なるべくだ》け保護し、民心を誘導し、寺院を起し、神戒を説教し、深く宗旨を人心に入らしむるに非《あら》ざれば、真に鞏固《きょうこ》なる国を成すことを得ず。……兵の死を顧みずして国の為めに身を犠牲に供するも亦只此義に外ならざるなり。静に欧洲の内富強と称する国を見る可し。先づ寺院を興し、宗教を盛にせざるはなし。皆宗教に依て国を立つるものと知る可し。

こうした一般原則を前提として、グナイストは「日本は仏教を以て国教と為すべし」と勧告しました。そしてグナイストは日本がモデルとした一八五〇年のプロイセン王国憲法の中で、第一二条の「信教の自由」の規定は日本の憲法には入れず、改廃の容易な法律に入れるべきこと、さらに第一四条の「キリスト教は礼拝と関係する国家の制度の基礎とされる」という条文中の「キリスト教」を日本の場合には「仏教」と置き換えるべきことを説いたのです。

国家の基軸としての天皇

しかし、日本の憲法起草責任者伊藤博文は、仏教を含めて既存の日本の宗教の中にはヨーロッパにおけるキリスト教の機能を果たしうるものを見出すことはできませんでした。伊藤によれば、我国にあっては宗教なるものの力が微弱であって、一つとして「国家の機軸」たるべきものがなかったのです。そこで伊藤は「我国にあつて機軸とすべきは独り皇室あるのみ」との断案を下します。「神」の不在が天皇の神格化をもたらしたのです。

福田恆存《ふくだつねあり》が著書『近代の宿命』において指摘したように、ヨーロッパ近代は宗教改革を媒介として、ヨーロッパ中世から「神」を継承しましたが、日本近代は維新前後の「廃仏毀釈」政策や運動に象徴されるように、前近代から「神」を継承しませんでした。そのような歴史的条件の下で日本がヨーロッパ的近代国家をつくろうとすれば、ヨーロッパ的近代国家が前提としたものを他に求めざるをえません。それが神格化された天皇でした。天皇制はヨーロッパにおけるキリスト教の「機能的等価物」(ウィリアム・ジェームズのいう functional equivalent)とみなされたのです。その意味で日本における近代国家は、ヨーロッパ的近代国家を忠実に、あまりにも忠実になぞった所産でした。ここには日本近代の推進力であった機能主義的思考様式が最も典型的に貫かれているのを見ることができます。

君主観の違い

こうしてヨーロッパにおけるキリスト教の「機能的等価物」としての天皇制は、当然にヨーロッパにおける君主制(特に教会から分離された立憲君主制)以上の過重な負担を負わされることになります。そのことは、ヨーロッパと日本とにおける君主観の顕著な違いとして現れました。

一九一三(大正二)年、ドイツ留学中の民法学者穂積重遠(東京帝国大学助教授、後年東宮大夫)は、その日記に帝政ドイツと日本との君主観に違いについて、ドイツ皇帝誕生日祝賀学生大会に出席した際の印象に寄せて、次のように言及しています。

> 我々に最も奇異に感じられたのは、……大学総長……の祝辞などにもカイゼル〔der Kaiser, 皇帝〕と云ふ言葉は一度か二度出たきりで「ファーターランド」〔das Vaterland, 祖国〕と云ふ言葉が二言目には出て来ると云ふ次第。即ち皇帝の誕生日はいはば愛国心鼓舞のダシに使は

れて居る様なもので同じ帝国でも我国との国体の相違は実に雲泥と云はねばならぬ。然もここはプロイセンだからまだよいので〔プロイセン国王がドイツ皇帝なのでまだよいので〕他の連邦などではカイゼルの幅の利かぬこと一層だと云ふ。

嘗《かつ》て下宿で我が新天皇陛下〔大正天皇〕の御事が話題に上り、「彼は〔全体皇帝のことを「彼」と云ふのだからね〕人望があるか」と尋ねたから、「人望などと云ふ問題ではない。我々日本人はミカドを神視〔フェヤゲッテルン〔vergöttern〕〕して居るのだ」と答へたらケゲンな顔をしてゐた。

以上のように、大正初頭ドイツにあって、若き日本の法律学者穂積重遠が感得した日独の君主観の違いは、明治日本の憲法起草者たちがヨーロッパにおけるキリスト教の機能を、天皇制がそれを担いうるかのごとく想定し、天皇制を通してそれを導入したことに起因しています。これによって近代日本の天皇制は、ヨーロッパのキリスト教に相当する宗教的機能を担わざるをえなくなったのです。

西洋中世においては、その最大の哲学者トマス・アクウィナスが説いているように、「王国の職務は霊的なものを地上のものと区別するために、地上の王に委ねられるのではなく、聖職者に、とりわけ最高の司祭、ペトロの後継者、キリストの代理者、ローマ教皇に委ねられている。そしてかれに対して、キリスト教徒人民のすべての王はあたかも主イエス・キリストその人に対するように、服従しなければならない。というのは終局目的の管理に関わる人よりも、先行目的の管理に関わる者は下位に位置し、その人の命令に服さねばならないからである」(柴田平三郎訳『君主の統治について――謹んでキプロス王に捧げる』岩波文庫、二〇〇九年、八九頁)。

ドイツ帝政が以上のような中世以来の「聖」と「俗」との価値二元論を前提としていたのに対し、日本の天皇制においてはトマスのいう「霊的なもの」と「地上のもの」とは必ずしも明確には区別されず、「聖職者」と「王」とは一体化していたといってもよいでしょう。

3　ドイツ皇帝と大日本帝国天皇

吉野作造の観察

日独の君主観の違いは、第一に、それぞれの国家における君主の地位や性格の違い、すなわち君主としての皇帝と天皇との本質的な違いに由来しています。プロイセン国王は、ドイツ帝国憲法によってドイツ帝国を構成する各邦や各自治都市を統合し、ドイツ帝国を対外的に代表する元首とされますが、皇帝は各邦の王や各自治都市の市長に対し

吉野作造
（吉野作造記念館蔵）

て必ずしも絶対的な優越性をもつものではありません。邦や自治都市の皇帝に対する自立性は強固であり、それらの王や市長に対する皇帝の優越性はあくまで相対的にすぎません。

この点を当時のドイツ社会民主党の見解を借りて強調したのは、一九一六（大正五）年一月の『中央公論』に発表され、大きな反響を呼んだ吉野作造の有名な論文「憲政の本義を説いて其有終の美を済《な》すの途《みち》を論ず」でした。その中で吉野は次のように述べています。

> ドイツは二十五の独立国家より成る連邦であるが、まとまっては名称の示すごとく帝国である。……ドイツの社会民主党はひとり一種違った解釈をこれに下して居る。……彼らはドイツ憲法上の解釈として「ドイツは共和国なり」と主張せんとするのである。……ただ普通の共和国と違うところは……これにありては各独立国家そのものが単位である。されぱドイツ皇帝は世襲でこそあれ、また名をカイゼルとこそ称すれ、その法律上の性質は共和国の大統領となんら異なるところはない。プロシャ国王として彼は君主の待遇・尊称を受け得ること、もとより言をまたぬ。しかしドイツ皇帝としては彼はハンブルグやブレー

メンなどの自由市の市長となんらその資格を異にするものではないと。……かつて皇帝が事があってハンブルグに行幸されたとき、市長が皇帝のために盛宴を張り、その歓迎の辞を述ぶるにあたって、「我が同役《マイン・コレーグ》よ〔Mein Kollege〕」と呼びかけて、座にある人を驚かしたという話がある。（三谷太一郎責任編集『日本の名著四八　吉野作造』中央公論社、一九八四年、一一四―一一六頁）

吉野はドイツ帝国を「解釈上の民主主義の唱えらるるおもしろい例」としていますが、これと彼が当時唱えた「民本主義」とを区別し、「予が近代各国の憲法――民主国体たると君主国体たるとに論なく――の共通の基礎的精神となすところの民本主義とはその名ははなはだ似てその実すこぶる異なることは、きわめて明白である」と論じています。ドイツ帝国についてドイツ社会民主党が主張したような「解釈上の民主主義」は、「初めから君主国体たることの明白なるわが国のごときに適用のないのは、もとより一点の疑いを容れぬ」というのが吉野の見解でした。

憲法上の君主の違い

ドイツ帝国と当時の日本帝国との君主の性格の違いは、それぞれの憲法における君主の身位を表現する形容詞の違いにも反映しています。プロイセン王国憲法においては皇帝である国王について、第四三条によって「国王の身位(Die Person des Königs)は侵すことができない(unverletzlich)」と規定されています。これがおそらく大日本帝国憲法第三条「天皇ハ神聖ニシテ侵スヘカラス」の原型でしょう。この第三条ではプロイセン王国憲法第四三条にいう "unverletzlich" を「神聖ニシテ侵スヘカラス」と訳し、これをもって天皇の身位を規定したと思われます。

しかしプロイセン王国憲法において、"unverletzlich" が用いられているのは、国王(皇帝)の身位についてだけではありません。「信書の秘密」(第三三条)や「所有権」(第九条)さらに「住居」(第六条)についても同様です。つまりこれら国民の権利もまた国王(皇帝)と同様に、"un-verletzlich" と規定されているのです。

これに対して、大日本帝国憲法では、「信書の秘密」を保障した第二六条は「日本臣民ハ法律ニ定メタル場合ヲ除ク外信書ノ秘密ヲ侵サルヽコトナシ」となっています。また「所有権」に関する第二七条は「日本臣民ハ其ノ所有権ヲ侵サルヽコトナシ　公益ノ為必要ナル処分ハ法律ノ定ムル所ニ依ル」となっています。さらに「住居」については第二五条で「日本臣民ハ法律ニ定メタル場合ヲ除ク外其ノ許諾ナクシテ住所ニ侵入セラレ及捜索セラルヽコトナシ」と規定されています。それらの各条文は、上記のプロイセン王国憲法の対応する各条文をそれぞれの原型としていることは明らかですが、日本の立法者は、プロイセン王国憲法を大日本帝国憲法に移植する際に、"unverletzlich"を天皇に対して使う場合と臣民の権利に対して使う場合とで、訳語の上で意図的に区別したように考えられます。"unverletzlich"は、天皇の身位を形容する場合には「神聖ニシテ侵スヘカラス」と訳され、臣民の権利については単に「侵サル、コトナシ」と訳されているのです。

ちなみに、伊藤博文著『憲法義解』(国家学会、一八八九年、宮沢俊義校注、岩波文庫、一九四〇年)の英訳版(伊東巳代治訳、*Commentaries on the Constitution of the Empire of Japan*, 英吉利法律学校、一八八九年、Third Edition, 中央大学、一九三一年)には、第三条は"The Emperor is sacred and inviolable."とあり、また第二六条の「信書の秘密」条項、第二七条の「所有権」条項はそれぞれ、"the secrecy of the letters of every Japanese subject shall remain inviolate." "The right of property of every Japanese subject shall remain inviolate."とあります。要するに、"unverletzlich"は天皇に対して使う場合には、"sacred and inviolable"と訳され、「信書の秘密」や「所有権」について使う場合には"(remain) inviolate"と訳し分けられているのです。

以上に見た天皇の「神聖不可侵性」に相当する"unverletzlich"には形而上的絶対的不可侵性が含意されています。伊藤博文の『憲法義解』は天皇の「神聖不可侵性」について、「法律は君主を責問するの力を有せず。独り不敬を以て其の身体を干瀆すべからざるのみならず、併せて指斥言議の外に在る者とす」との見解を明らかにしています。いいかえれば、天皇の「神聖不可侵性」は政治上法律上の責任が問われない無答責を意味するのみならず、第一回帝国議会開会にあたって福沢諭吉さえも指摘したように、天皇の「神聖不可侵性」に触れることは、議会における言論の自由の範囲に含まれず、それをも内面から制約する要因となっていました。その点で「信書の秘密」や「所有権」さらに「住居」のように、法律によって制限される憲法上の権利の相対的条件的な不可侵性とは全く異なるものであったのです。

しかも天皇の「神聖不可侵性」は単に消極的防御的ではなく、より積極的な倫理的道徳的あるいは半宗教的絶対性を含意していました。それが憲法起草者伊藤博文のいう「国家の機軸」(『枢密院会議議事録』第一巻、東京大学出版会、一九八四年、一五七頁)の究極的意味でした。

詔勅批判は自由か

一九三五(昭和一〇)年の天皇機関説事件において、憲法学者美濃部達吉の学説が反機関説論者によって攻撃された際に一つの争点とされたのが、天皇の詔勅は批判の対象となりうるかという問題でした。詔勅批判は自由かという問題です。美濃部は、詔勅の責任は、それに副署した内閣総理大臣以下の国務大臣にあり、天皇は無答責であって、したがって天皇を輔弼する国務大臣の責任が問われる詔勅批判は自由であるとの見解をとっていました。

しかし、大日本帝国憲法の下で国務大臣の副署がない例外的な詔勅がありました。憲法が施行された第一回帝国議会開会(一八九〇年一一月二五日召集、一一月二九日開院式)を一カ月後に控えて、一八九〇(明治二三)年一〇月三〇日に発せられたいわゆる「教育勅語」がそれです。天皇機関説事件において美濃部に対する取調にあたった主任検事はこの点を衝き、詔勅批判の自由を主張する美濃部を追及しました。

なぜ「教育勅語」には内閣総理大臣以下の国務大臣の副署がないのか。その点を明らかにするために、「教育勅語」の成立過程を追跡し、それを通して天皇の「神聖不可侵性」が積極的具体的に体現された道徳の立法者としての天皇の本質を明らかにしたいと思います。

4　「教育勅語」はいかに作られたのか

教育勅語の位置づけ

大日本帝国憲法における天皇は、国家の元首として統治権を統合(「総攬」)する国家主権の主体でしたが、統治権の行使にあたっては「憲法ノ条規ニ依リ之ヲ行フ」(第四条)ことが規定されていました。すなわち憲法上の天皇は定義上「立憲君主」でした。

しかし、憲法は本来伊藤博文らが予定していた天皇の超立憲君主的性格を明確になしえていませんでした。第三条の天皇の「神聖不可侵性」は、天皇の非行動性を前提としていました。それは、法解釈上は天皇は神聖である、故に行動しない、故に政治的法律的責任を負わない、という以上の積極的意味をもたなかったのです。つまり、第一条に規定する統治の主体としての天皇と、第三条の天皇の「神聖不可侵性」とは、法論理的には両立しなかったのです。そこで憲法ではなく、憲法外で「神聖不可侵性」を体現する天皇の超立憲君主的性格を積極的に明示したのが「教育勅語」だったのです。「教育勅語」は、伊藤が天皇を単なる立憲君主に止めず、半宗教的絶対者の役割を果たすべき「国家の機軸」に据えたことの論理必然的帰結でした。

以下の「教育勅語」成立過程に関する歴史的事実は、教育学者海後宗臣《かいごときおみ》の古典的名著『教育勅語成立史の研究』(発行者海後宗臣、一九六五年)に全面的に依拠しました。このテーマに関する実証的研究としては、未だに海後の著書を超えるものを知りません。

その起点と論理

「教育勅語」の起点となったのは、一八七九(明治一二)年八月天皇が侍講元田永孚《もとだながざね》に命じて起草させた「教学聖旨」です。これは天皇の名において国民教育の方針を明らかにした文書です。これが「教育勅語」の起点とされる所以は、それを貫く論理がそのまま「教育勅語」の論理となっていること、それから、その起草者元田永孚が「教育勅語」の起草者の一人でもあるということです。

ちょうどこの時期から、一八七二(明治五)年の「学制」以来の啓蒙主義的教育思想への再検討が政府の内外で始まっており、文部省においても道徳教育の重視の傾向が強まりました。「学制」発布と同時に、小学校低学年(下等小学二年)用に「修身」という教科は置かれたのですが、教材は主として翻訳書が使われ、授業は教材の内容を教師が口頭で説明する(「修身口授《ギョウギノサトシ》」)の形で行われました。当時の「修身」は、知識の教授を目的とする教科に従属するものとみなされていたのです。一八七九(明治一二)年九月には「学制」に代って教育令が制定されますが、教育令でも、当初は「修身」は列挙された諸教科中の最後に置かれていました。

元田永孚

ところが、翌一八八〇年一二月には教育令が改正され、その際「修身」は諸教科中、筆頭に掲げられることになったのです。この間に、天皇の名によって示された一八七九年八月の「教学聖旨」に表れたような思想状況の変化があったことは容易に想像されるでしょう。

「教学聖旨」は、国民教育の基本方針を示した原論部分

(「教学大旨」)において、教育の第一目的は、「仁義忠孝」を明らかにすることにあり、「智識才芸」を究めることは、それを前提として初めて行われるという道徳主義的教育思想を強調します。そして、そのような道徳主義的教育思想の源泉は、天皇の祖先の教訓である「祖訓」と、我が国の古典である「国典」に求められます。これこそが「教育勅語」の公理と論理です。すなわち「教育勅語」のいう、天皇の祖先が忠孝の徳を立て、臣民が心を一にして世々その美を済《な》してきた、これこそ我が国体の精華であって、教育の淵源もまたここに存するという論理と同じであるといってよいわけです。

教育論争と政治対立

ところが、このような「教学聖旨」の思想が直ちに「教育勅語」に連なったわけではありませんでした。というのは、一八七九(明治一二)年当時、政府内部にはこれに対して有力な反対があったからです。そのことは、同年内務卿伊藤博文の側近で内務大書記官であった井上毅によって起草され、伊藤の名において天皇に呈出された「教育議」という文書に明らかにされています。「教育議」は社会における「風俗ノ弊《へい》」(「制行ノ敗レ」および「言論ノ敗レ」)は認めながらも、これを是正するために、維新以来政府が進めてきた文明開化政策を変更し、「旧時の陋習《ろうしゅう》」に復することがあってはならないとして、元田の「教育聖旨」の思想に反対したのです。

このような教育論争の背景には、かつて大久保利通在世中、大久保を擁立し、大久保の支持によって天皇の直接的な権力行使(いわゆる天皇親政)を実現しようとした元田ら侍講たちの天皇側近勢力と、大久保の後を襲って内務卿となり、かつての大久保の政治的役割を継承した伊藤を中心とする官僚勢力との対立抗争がありました。大久保によって束ねられていた宮中と政府とが大久保歿後に分裂し、両者の権力闘争が顕在化したのです。それは士族反乱による内戦の終結後明治政府の中心勢力となり、その統合の主体となった親大久保勢力の分裂の結果であったともいえるでしょう。このような宮中の天皇側近勢力と政府の官僚勢力との政治的対立に由来する思想的対立(いわゆる「宮中」と「府中」とのイデオロギー的対立)が続いている限り、日本臣民全体を対象とする道徳に関する唯一絶対の意思形成を天皇の名において行うことは、きわめて困難でした。

地方長官の要請

ところがこれを可能にし、また必要としたのは、国家体制の頂点と底辺とを媒介する役割を果たす地方長官(府県知事)からの要請でした。第一次山県有朋内閣の下で開かれた一八九〇年二月の地方長官会議では、地方の民心をいかに統一し把握するかが問題となり、当時山県兼任内務大臣を補佐する内務次官として会議に出席していた芳川顕正《よしかわあきまさ》——彼は、この年一〇月の「教育勅語」渙発時の文部大臣です——によると、「何らか道徳上の大本を立てて民心を統一せんことを急要とすといふ丈《だ》けの事は……各地方長官の一致して認むる所であつた」(『その頃を語る』東京朝日新聞社、一九二八年所収)。そして会議は文部大臣に対して、「徳育涵養の義に付建議」を提出するにいたったのです。「教育勅語」渙発は、これを契機として急速に具体化するのでした。

このように当時の地方長官たちが「徳育涵養」の必要を痛感した理由について、建議は「現行の学制に依れば、智育を主として専ら芸術智識のみを進むることを勉め、徳育の一点に於ては全く欠くる所あるが如し」としています。そしてその結果、学童生徒の秩序意識が弱まり、反秩序意識が強まっているとします。小学校に入った学童も「忽《たちま》ち其智識芸術に誇り、父兄を軽蔑するの心を生じ、軽躁浮薄の風に長ず」とされました。また中学校に入った生徒は学業の半ばを終えないものが「ややもすれば天下の政事を談じ、時に或は自ら校則を犯しながら、職員処置の当否を鳴らし、みだりに抗争紛擾を事とするものあり」とされたのです。

そしてこのような初等中等教育の現状認識は、「此情勢を以て荏苒《じんぜん》推移する時は、実業を重んぜずして、みだりに高尚の言を為し、未熟の学術智識に依て僥倖《ぎょうこう》を事とするの風を長じ、長上を凌《しの》ぎ、社会の秩序を紊乱《びんらん》し、終に国家を危ふくするに至らんとす。是れ智育の一方のみ進みて、徳育の兼ね進まざるより致す所の弊なり」という危機感にまで昂進しています。

この地方長官会議の問題提起は、閣議の関心を惹き起こしました。特に当時の首相山県有朋は、かつて参謀本部長として一八八二(明治一五)年の「軍人勅諭」を起案した経験から、教育においても勅諭によってその基本方針を明らかにすることを考えました。また当時首相を立法面で支えた法制局長官井上毅などもこれに同調します。そして閣議では学童生徒のために一篇の「箴言《しんげん》」を与え、これを日夜誦読させ、心に銘記させる措置を施すべきことを決定しました。そして天皇から文部大臣に対して「箴言」の編纂が命じられました。その後間もなく文部大臣の更迭が行われ、山県の推薦によって、山県兼任内相の下で内務次官を務めた芳川顕正が文部大臣に就任します。こうして芳川文相就任を契機として「教育勅語」の起草作業が始まるのです。

中村正直の草案

まず文部省が最初に起草者として選んだのは、当時の帝国大学文科大学教授の中村正直(号敬宇)でした。中村は、侍講による天皇への進講のテキストにも使われたサミュエル・スマイルズ(Samuel Smiles)の *Self-Help*(1859)の訳書『西国立志編』(一八七一年)の訳者であり、それは刊行当時から多くの読者をもっていました。また中村は、第二章で述べたように、女子高等師範学校長でもあり、日本における女子高等教育の草分けとして令名がありました。

さらに中村は福沢諭吉や西周らとともに、今日の日本学士院の母胎となった知識人結社明六社の同人であった時代から、熱心な道徳・宗教教育論者でした。たとえば、明六社の同人誌『明六雑誌』(第三〇号、一八七五年二月一六日)掲載の論説「人民の性質を改造する説」では次のように述べています。

人民の性質を改造するは如何といふにその大分(大きく分けて)二あるのみ。芸術なり、教法なり、この二者車の両輪、鳥の両翼の如し。……芸術のみ高妙の域に進みたりとも、たゞ物質上の開化にては古埃及希臘(古代エジプト・ギリシャ)の時代の如く風俗の壊悪を救正する能はず、必ず教法の盛《さかん》に行はるゝものありて芸術の感化の及ばざるところを助く、かくてこそ人心を一新するの道、具《そな》はれりといふべけれ……

中村は他の論説「善良なる母を造るの説」(同上、第三三号、一八七五年三月一六日)では、「教法」を「修身及び敬神の教育」(「モーラルレリヂヲスヱヂュケーション」)と説明し、「芸術」を「アートサイエンス技芸学術の教育」と注解しています。そして教育においては「教法」が「本流」であって、「芸術」は「末流」であると断じているのです。

しかし中村によって起草された草案は、文部省から内閣に回され、ここで法制局長官井上毅の激烈な批判を浴びて廃案となります。そして井上が中村に代って新たに草案を起草することになり、ここで起草された井上案がかつての「教学聖旨」の起草者元田永孚の協力を得て修正を重ね、一〇月三〇日の勅語の成案となるのです。

井上毅の批判①

では、廃案となった中村案に対する井上毅の批判の要点はどこにあったのでしょうか。このことは、井上案が中村案に対する批判を前提として起草され、しかもそれが勅語の成案となっているだけに、勅語の性格と内容を検討するためには看過することはできないでしょう。

井上毅の批判は、一八九〇年六月二〇日および六月二五日付の山県首相宛書簡の中で展開されています。その第一は、中村案における道徳の宗教的および哲学的基礎づけの排除の主張です。まず井上は、「此勅語には天を敬し、神を尊する等の語を避けざるべからず」と主張します。「何となれば、此等の語は宗旨上の争端を引起すの種子となるべし」がその理由です。これは中村案が道徳の本源を「天」や「神」に求め、人間の「固有の性」から生ずる「敬天敬神」の心の表われが忠孝や仁愛信義の道徳であるとしているのを批判したものです。つまり井上が求めたものは、宗教教育から峻別された道徳教育であり、中村のいう「モーラルレリヂヲ

井上毅

スヱヂュケーション」(「修身及び敬神の教育」)ではなかったのです。井上は中村が試みたように、勅語において道徳の宗教的基礎づけを行うことは、勅語を宗教的対立に巻きこむ恐れがあるとして、これに反対したのです。

また井上は同じような論拠から、中村案に見られる道徳の哲学的基礎づけにも反対します。井上は次のようにいいます。「此勅語には幽遠深微なる哲学上の議論を避けざるべからず。何となれば哲学上の理論は必ず反対之思想を引起すべし。道之本源論は唯々専門の哲学者の穿鑿《せんさく》に任すべし。決して君主の命令に依りて定まるべき者に非ず。」

ちなみに中村正直はかつて幕府の御儒者の地位にあった朱子学者として維新後キリスト教に入信し、キリスト教を朱子学的範疇を媒介として受け入れました。明治大正期のすぐれた歴史家である山路愛山は、その名作『現代日本教会史論』の中で中村正直の思想的立場について、「キリスト教化された儒教主義」と呼んでいます。中村案の中で使われている「天」と「神」の概念においてはキリスト教の「神」と朱子学の「天」とが同一化され、二重写しになっているのです。いいかえれば、キリスト教の「神」が朱子学的論理の中に組みこまれて「天」の機能的等価物となり、道徳の本源として説明されているといってよいのです。ここにも日本の近代を特徴づける機能主義的思考様式の一端を見ることができます。

井上が反対したのは、中村案における朱子学とキリスト教とが一体化した道徳の宗教的哲学的基礎づけであり、井上が「漢学の口吻と洋風の気習とを吐露すべからず」としているのも、一つにはこの意味においてであったのでしょう。ここから当然に要請されるのは、いうまでもなく勅語の宗教性と哲学性の徹底した希薄化であり、いいかえれば宗教的哲学的中立性です。井上が中村の後を継いで勅語の起草者として最も腐心するのはこの点でした。

井上毅の批判②

井上の中村案に対する批判の第二は、政治的状況判断の混入を排除する主張です。井上はこれについて次のようにいいます。「此勅語には政事上の臭味を避けざるべからず。何となれば、時の政事家之勧告に出て、至尊の本意に出ずとの嫌疑を来すべし。」これは中村案が国際政治の現実に触れて、それを想起させながら、国力を強化するために「国民の品行」を正すべきことを説いている個所を批判したものと思われます。井上は、このような政治的状況判断の混入は、勅語を世俗化し、その神聖性を剝奪する恐れがあると考えたのです。したがってこのような考え方から当然に出てくるのは、この勅語は国務大臣の輔《ほ》弼《ひつ》による政治上の勅令や勅語と異なり、あくまで天皇自身の意思の表明という形をとらなければばならないという要請です。井上は山県首相宛の書簡（一八九〇年六月二五日付）の中で、この勅語が「真誠の叡旨に出ずして……入れ智恵なりとの感触あらしめば、誰か中心に悦服佩戴《えっぷくはいたい》する〔心から従い身に付ける〕ものあらんや」と記しています。

このように勅語があくまで天皇自身の意思の表明という形をとらなければならないとすれば、それは直ちに勅語の文体や叙述に反映しなければなりません。井上はこの観点から、勅語にはつとめて「……すべし」という積極的表現を用い、「……すべからず」という消極的表現は避けるべきであるとします。「消極的の愚を砭《へん》し、悪を戒めるの語を用うべからず。君主の訓戒は汪々として大海の水の如くなるべく、浅薄曲悉《きょくしつ》なるべからず」とするのです。中村案には、積極的表現の次に消極的表現を加え、一つの命題を表と裏とから説明するという特徴がありました。たとえば「帝室に対し忠愛の心を以て各々その職分を尽し、自己の良心に愧《はじ》ざるを努むべきなり」という積極的表現の後に、「もし君父に対し不忠不孝なれば、罪を之に得て逃るべからず」という消極的表現を補う叙述の方法をとっているのですが、井上はこれを批判したのです。そのことはいいかえれば、君主のことばは玉のごときものであり、簡短でなければならない（「王言玉の如きは只々簡短にあり」）ということになるのです。

井上案から最終案へ

以上に述べたような中村案に対する批判を前提として、「教育勅語」の原型が井上によって準備されます。井上案においては、まず道徳の宗教的哲学的基礎づけが排除された結果として、道徳の原作者は天皇の祖先、「皇祖《こうそ》皇宗《こうそう》」に求められます。ここから、「朕《ちん》惟《おも》ふに我が皇祖皇宗国を肇《はじ》むること宏遠に徳を樹《た》つること深厚なり」という勅語の冒頭の文章が生まれます。道徳の本源は中村案における「神」や「天」のような絶対的超越者ではなく、皇祖皇宗、すなわち現実の君主の祖先であるという意味では相対的な、しかし非地上的存在という意味では超越的な、いわば相対的超越者に移りました。これが中村案と井上案(したがって「教育勅語」そのものの原型)との最も大きな違いです。ここに伊藤博文が「我国の機軸」を皇室に求めたことの意味があったといわなければなりません。

こうして井上案においては、道徳の本源が「皇祖皇宗」に求められた結果、道徳は「皇祖皇宗」の「遺訓」として意味づけられます。そして現実の天皇は、いわば「先王の道」の祖述者たる孔子のごとき位置づけを与えられるのです。日用化した五倫(君臣義、父子親、夫婦別、長幼序、朋友信)五常(仁義礼智信)のような儒教的徳目が、「皇祖皇宗」の「遺訓」として列挙されました。

教育勅語の道徳命題の普遍妥当性、つまり、勅語にいう「古今に通じて謬《あやま》らず、之を中外に施して悖《もと》らず」という意味の普遍妥当性は、その宗教的および哲学的根拠づけが排除された結果、それがもっぱら歴史を通じて妥当してきたという事実、そして現に妥当しているという事実に求められることになります。その意味で道徳命題の実証的根拠づけに依拠せざるをえなかったのです。したがって、教育勅語が示す徳目は日用化した儒教的徳目に負うほかはなかったのです。

このように第一草案を起草した井上は、勅語制定過程では天皇の側近である侍講元田永孚の発言力が最も大きいことを考慮し、山県首相に草案を示した数日後に元田にもこれを示し、その意見を求めました。以後、元田は井上に協力することになり、井上の第一次草案を原案とし、井上と元田との共同修正が重ねられ、最終案に到達しました。この間、元田は井上とは異なる勅語の構想をもっていましたが、修正過程においては井上案の実質的内容はほとんどそのまま維持され、わずかに井上案において列挙されていた具体的徳目のいくつかが削除されたにすぎませんでした。その意味で、教育勅語は井上の背後にある山県、伊藤らに代表される藩閥官僚勢力と、元田らの背後にある天皇側近勢力との共同作品であったといってよいでしょう。

教育勅語と立憲主義

こうして一八九〇(明治二三)年六月以降一〇月の勅語発布まで終始イニシアティヴをとった井上毅は、「教育勅語」は大日本帝国憲法下の立憲主義といかなる関係に立つと考えたのでしょうか。いいかえれば、憲法に拘束される立憲君主としての天皇は、「教育勅語」に体現される道徳の立法者としての天皇と両立しうるのか、という問題です。天皇が政治的統治者であるとともに、精神的支配者でもあるということは、国教制定論者の場合はいざ知らず、留保条件付きながら、第二八条において「信教の自由」を規定する大日本帝国憲法の起草にもあたった井上毅の場合には、問題は決して自明ではなかったはずです。

果たして井上は、立憲主義との関係において、教育勅語の性格規定には慎重な考慮を払っています。すなわち井上は、一八九〇年六月二〇日付の山県首相宛書簡において、「此勅語は他の普通の政事上の勅語とは同様一例なるべからず」と指摘します。そして続けて、次のような曲芸的なフィクションを設定し、勅語の性格規定を提言するのです。「今日之立憲政体之主義に従へば、君主は臣民の良心の自由に干渉せず。（英国・露国にては宗旨上国教主義を存し、君主自ら教主を兼ぬるは格別）今勅諭を発して教育の方嚮《ほうこう》を示さるるは、政事上の命令と区別して、社会上の君主の著作公告として看ざるべからず。」

つまり、立憲君主としての天皇が勅語によって教育の基本方針を示すということは、いかなる形において許されるかを苦慮した井上は、教育勅語を天皇の政治上の命令と区別し、社会に対する天皇の著作の公表とみなしたのであります。そしてこのような論理操作によって、教育勅語を立憲主義の原則と強引に整合させようとしたのです。

発布の形式

このような教育勅語の性格規定は、その発布の形式にも反映しています。まず井上は発布の形式として、政治上の命令から区別する考え方から、国務大臣の副署を要しないものとしました。これについて、井上は一八九〇年一〇月二二日付元田宛書簡において、次のように書いています。

「発布方法之事に付而者《ついては》先頃申上候通り、生の愚見にては、内閣の政事に混雑せずして、一に聖主之親衷より断ぜられ、内閣大臣の副署なき勅語又は御親書之体裁にして広く公衆へ御下げに相成候《あいなりそうろう》方可然歟《かたしかるべきか》……若《もし》副署ある政令となりて発せらるる時は国会に而喙《てくちばし》を容《い》るる所の内閣責任政略の一と見做され、後日に政海之変動と共に紛更を招く虞《おそれ》あるべく、却而《かえって》千載不滅の聖勅之結果を薄弱ならしむべきか。」

こうして教育勅語は国務大臣の副署をもたないものとなり、それによって立憲君主制の原則によって拘束されない絶対的規範として定着するにいたったのです。このような国務大臣が責任を負わない、天皇自らの意思表明という形式の勅語を発布する方法として、当初井上は二つの選択肢を考えました。一つは天皇が勅語を宮中において文部大臣に下付する方法、もう一つは天皇が宮中外への行幸(教育会または学習院への行幸)に際して、「演説」の形式でこれを下付する方法です。

これらの方法はいずれも、教育勅語を他の勅令や勅語から区別し、天皇が国民（「臣民」）に対して直接に自己の意思を表明するものであるという考え方を前提としていました。当時、井上は教育会または学習院への行幸に際して、これを下付する方法を最良としていましたが、結局、宮中において文部大臣にこれを下付する方法がとられることとなりました。こうして教育勅語は立憲君主制の原則との衝突を回避しながら、政治的国家としての明治国家の背後に道徳共同体としての明治国家を現出させるのです。

5　多数者の論理と少数者の論理

政体と国体との相剋

しかし井上毅の苦慮の奇策にもかかわらず、憲法と教育勅語との矛盾、すなわち立憲君主としての天皇と道徳の立法者としての天皇との立場の矛盾は消えることはありませんでした。そしてその矛盾と不可分の「政体」と「国体」との相剋は、日本の近代の恒常的な不安定要因でした。

相互矛盾の関係にある両者のうちで、一般国民に対して圧倒的影響力をもったのは憲法ではなく教育勅語であり、立憲君主としての天皇ではなく、道徳の立法者としての天皇でした。「国体」観念は憲法ではなく、勅語によって(あるいはそれを通して)培養されました。教育勅語は日本の近代における一般国民の公共的価値体系を表現している「市民宗教」(civil religion)の要約であったといってよいでしょう。

勅語発布の翌年、一八九一(明治二四)年一月、各地の官立学校では勅語奉読式が行われました。このうち内村鑑三がいわゆる不敬事件をひきおこした第一高等中学校の場合が次のように官報(第二二六〇号、明治二四年一月一四日)に報告されています。

「第一高等中学校に於ては今般御宸署《ごしんしょ》の勅語を拝受せるを以て本月九日午前八時倫理講堂の中央に天皇・皇后両陛下の御真影を奉掲し其前面の卓上に御宸署の勅語を奉置し其傍に忠君愛国の誠心を表する護国旗を立て教員及生徒一同奉拝し而後校長代理……勅語を奉読し右畢て教員及生徒五人づつ順次に御宸署の前に至り親しく之を奉拝して退場せり(文部省)」

内村は当日、嘱託教員として勅語奉読式に参加しましたが、敬礼が十分でなかったとして非難されたいわゆる不敬事件は最後の「奉拝」の場面で生じたと思われます。このようにして「教育勅語」は学校教育の中に滲透して行きました。天皇・皇后の「御真影」が小学校に普及したのも「教育勅語」の発布に伴ってでありました。

なお井上毅は第二次伊藤博文内閣の文部大臣当時、「小学校に於て祝日大祭日の儀式を行ふの際、唱歌用に供する歌詞並楽譜」を撰定し、明治二六年八月一二日付の官報に文部省告示第三号として公示しました。これには「君が代」や「一月一日」「紀元節」「天長節」などの他、勝安芳(海舟)作詞の「勅語奉答」も含まれていました。「あやに畏《かしこ》き天皇《すめらぎ》の　あやに尊き天皇の　あやに尊く畏くも　下し賜へり大勅語《おおみこと》　是ぞめでたき日の本の　国の教への基なる」という歌詞は、長く唱いつがれました。勅語奉読式における「不敬」を学校内外から指弾された内村は、第一高等中学校嘱託教員を依願免職されましたが、井上毅とともに、勅語起草に貢献した元田永孚は各地での勅語奉読式や御真影拝戴式のさなかの明治二四年一月二二日に死去し、二一日付で「依勲功《くんこうにより》」特に男爵に叙せられました。

これに対して、憲法は大学教育の前段階ではほとんど教えられることはありませんでした。一般にイデオロギー教育と区別される政治教育は、憲法によって(あるいは憲法を通して)行われますが、その意味で大学教育を受けない多数の国民に対しては、政治教育はなかったといってもいいすぎではありません。今から一〇〇年前の一九一六年に当時の大学の講義に基づいて『中央公論』に発表され、知識人や学生の間には大きな反響を呼んだ吉野作造の「憲政の本義を説いて其有終の美を済すの途を論ず」という論文も、憲法教育が及んでいない多くの一般国民の間には広く影響があったとはいえないでしょう。

大日本帝国憲法の自由主義的側面

大学で憲法の講義を聴く者は、勅語との同一性よりも、異質性に強く印象づけられるものが少なくありませんでした。憲法の立憲主義的で自由主義的な側面から受ける印象が強かったのです。逆に法解釈学的説明になじまない天皇に関する憲法条項（第一条〜第三条）については講義されないこともありました。したがって憲法は時として、立憲主義・自由主義のイデオロギー的根拠としての意味・機能をもったのです。

たとえば丸山眞男は大学二年当時、学生団体主催の講演会に招かれた尾崎行雄の講演を聴き、その中で尾崎が「われわれの私有財産は、天皇陛下といえども、法律によらずしては一指も触れさせたもうことはできない。これが大日本帝国憲法の主旨だ」と述べたことに「目からウロコが落ちる思いがしました」と語っています。そして尾崎について、「咢堂《がくどう》（号）というのは本当の自由主義者、数少ない自由主義者だと思いました」と評しています（松沢弘陽・植手通有・平石直昭編『定本　丸山眞男回顧談』上、岩波現代文庫、二〇一六年、一七八頁）。

また典型的なリベラル・デモクラットであった公法学者美濃部達吉は、敗戦後の憲法改正には消極的でしたが、その理由は大日本帝国憲法のもっている立憲主義的で自由主義的な側面を、彼自身が確立した憲法学説、つまり、一九三五年の天皇機関説事件の過程で政府によって禁止された憲法学説の復活によって将来拡充していく可能性への確信に由来していると思われます。

逆に、一九三五年以降の昭和期の反体制運動（「国体明徴」を掲げる「革新」運動）を推進した諸勢力は、憲法の立憲主義的で自由主義的な側面を支持する諸勢力を攻撃し、事実上の「憲法改正」を目指しました。日本の近代においては「教育勅語」は多数者の論理であり、憲法は少数者の論理だったのです。昭和戦前から戦中にかけての日本の政治は、こうした両者の原理的あるいは機能的矛盾によって引き起こされた亀裂が、国外の環境の変動と連動しながら、その不安定化を促進していったのです。

国体の支柱を失って

敗戦の翌年、一九四六年一〇月八日、文部省は学校で行われていた教育勅語奉読の廃止と詔書の神格化の廃止を通達しました。また一九四八年六月一九日には衆参両院は教育勅語を含むいくつかの勅語の失効を確認し、それらを排除する建議を成立させました。道徳の立法者としての天皇は消え去り、「国体」観念は支柱を失ったのです。

しかも憲法上の天皇もまた、旧憲法における主権者の地位を失い、かつて旧憲法下の最高の憲法学者であった美濃部達吉が期待したような立憲君主としてではなく、国民主権の下での

「日本国の象徴」として、また「国民統合の象徴」として新しい役割を担うこととなりました。それが「政体」のみならず、「国体」の根本的変革がもたらした結果でした。

象徴天皇制は将来に向っていかにあるべきなのか、天皇は自らの意思を主権者である国民に対して直接に伝えることが可能なのか、可能であるとすれば、それはいかなる方法によるべきなのか。この問題はすでに述べたように、実は今から一二七年前、一八九〇年に「教育勅語」を天皇が自らの意思表示の形式で当時の臣民に対して直接に伝達するに際して、「教育勅語」と憲法の両方の起草に深く関わった法制局長官井上毅が最も脳漿《のうしょう》を絞った問題でした。今やそれは現天皇の直面する問題であるとともに、主権者である国民全体の問題でもあるのです。

終章　近代の歩みから考える日本の将来

1　日本の近代の何を問題としたのか

四側面から見た日本の近代

本書はその序章において、一九世紀後半に近代化の実験に着手した日本がその準拠としたヨーロッパにおける「近代」概念がいかなるものであったかについて、同時代の英国の最も鋭敏な時代感覚をもつ政治・経済ジャーナリストであり、同時代の日本の最も先進的な知識人(たとえば福沢諭吉)にも影響力を及ぼしたウォルター・バジョットの著書『自然学と政治学』を分析しました。その結果、バジョットがヨーロッパ近代の最大の標識とした「議論による統治」を鍵概念(キー・コンセプト)とし、併せてその系概念として「貿易」および「植民地」という二つの概念を抽出しました。バジョットによれば、「議論による統治」は「貿易」による自由なコミュニケーションの拡大と、「植民地」による異質な文化とのコミュニケーションの拡大とによって促進されると考えられたのです。バジョットの所論にしたがって、「貿易」および「植民地」もまた、「議論による統治」とともに、ヨーロッパが設定した「近代」概念とみなし、それらを指標として、本書は日本近代の把握を試みたのです。

第一章は、「議論による統治」の日本的形態の成立を問題としました。本書の著者は、次節で指摘するような日本近代化路線のさまざまな挫折にもかかわらず、日本における「議論による統治」は、日本近代が達成した最大の成果と見ています。その理由は第一章の叙述の中で明らかにしたつもりですが、別にその内容を簡約したものとして、拙文「政党政治はなぜ、いかに生まれたか――英米および日本について」（拙著『戦後民主主義をどう生きるか』東京大学出版会、二〇一六年所収）があります。政党政治に体現された「議論による統治」の日本的形態に対しては、もちろんジャーナリズムその他を通じて、激しい批判や非難が容赦なく浴びせられ、それ自体が日本近代批判の一つの焦点となってきましたが、それにもかかわらず、そのような批判や非難が「議論による統治」の実質をつくり上げ、日本の政治的近代の不安定の安定に資してきたと考えます。

第二章は、ヨーロッパの近代形成の推進力となった「貿易」の問題を、より広いテーマとして取り上げ、日本の資本主義の形成と展開およびその特質を論じました。日本の資本主義もまた、「議論による統治」と同様に、日本近代批判のもう一つの焦点となってきましたが、一面で、それが「議論による統治」の確立と結びついた日本近代のもう一つの大きな成果であったことは事実であります。

しかし反面で次節に指摘するように、それが二〇一一年の東日本大震災による原発事故によって、幕末以来の日本の近代化路線に致命的な挫折をもたらしたことも否定することはできません。原発には、現在および将来の日本の資本主義の全機能が集中していたからです。原発事故は、日本近代の最大の成果の一つであった日本資本主義の基盤そのものへの疑問を突きつけたといってもいいすぎではないと思います。それは、すなわち日本近代そのものへの根元的批判を惹起しました。

第三章は、バジョットがヨーロッパ近代の推進力の一つとして指摘した「植民地」の問題をとり上げ、日本の近代の文脈の中で、日本の植民地帝国化がなぜ、いかに行われたかを問いました。植民地帝国は日本近代の最大の負の遺産です。それは今日においても清算されてはいません。かつての植民地であった他国の政治・経済・文化のみならず、日本自身にもなお癒すことのできない傷跡を残しています。日本は莫大な資本と時間とエネルギーとそして国民の情熱を投下し、なぜ、このような負の遺産を背負うことになったのか、それは日本近代それ自体への深刻な問いであります。

なお今日のヨーロッパが抱える難民の問題は、ヨーロッパ近代がつくり上げた植民地帝国の負の遺産であり、日本の植民地帝国はヨーロッパのそれを模したものでしたから、日本にとって難民の問題は決して他人事とはいえないでしょう。ヨーロッパの難民の問題は、形を変えて、あるいは潜在的に日本にも存在すると見るべきかもしれません。

第四章は、近代天皇制への問いであります。これはもちろんバジョットが提示したようなヨーロッパの「近代」概念を前提とした問いではありません。しかしそれは明治国家の設計者たちが「近代化」を「ヨーロッパ化」として行おうとした際に、ヨーロッパの原点に「神」があると認識したことを前提とした問いであります。彼らは、日本をヨーロッパ的国家としてつくり上げるためには、天皇はヨーロッパの「神」に相当する役割を果たさなければならないと考えたのです。もちろん現実の天皇は「神」に代替することはできません。そこで明治国家の設計者たちは、天皇を単なる立憲君主に止めず、「皇祖皇宗」と一体化した道徳の立法者として擁立したのです。

日本の近代は一面では極めて高い目的合理性をもっていましたが、他面では同じく極めて強い自己目的化したフィクションに基づく非合理性をもっていました。過去の戦争などにおいては、両者が直接に結びつく場合もありました。今日でも政治状況の変化によっては、そのような日本近代の歴史的先例が繰り返されないとは限りません。擬似宗教的な非合理性が儀式と神話を伴って再生し、それに奉仕する高度に技術的な合理性が相伴う可能性は残されています。

以上、著者の観点から、本書が考察の対象とした日本近代の諸側面について、それぞれの歴史的意義を評価しました。以下に日本近代の現在を概観し、あわせてその将来を国際環境と関連づけながら展望したいと思います。

2　日本の近代はどこに至ったのか

「富国強兵」と「文明開化」

日本近代は幕末日本を起点としました。それは同時代のフランスのナポレオン三世をモデルとする徳川慶喜政権の近代化路線に発すると見てよいでしょう。当時オランダ語や英語の語学力によって開国後の幕府外交部門の末端に連なっていた福沢諭吉は、この路線を積極的に支持していました。「文明開化」や「富国強兵」といったスローガンは、当時この路線を方向づけるものとして作られ、福沢らによって唱えられました。福沢は幕藩体制の究極のヴィジョンを「大君之《の》モナルキ」(将軍独裁)と表現し、ある幕府留学生への書簡の中で「大君之モナルキにこれなく候ひては……我国之文明開化は進み申さず」と書きます。連邦制(福沢のいう「大名同盟」)的な幕藩体制を廃絶した将軍独裁による

「文明開化」の進展を福沢は期待していたのです。また同様に福沢は「富国強兵」とそのための教育改革を時代の課題として強調し、幕府使節団に随行し滞在していたロンドンからの書簡では「方今の急務は富国強兵に御坐候《ございそうろう》」と提言しています。

このようにすでに幕末に福沢諭吉によって鼓吹されていた「文明開化」「富国強兵」のスローガンとともに、幕末の近代化路線は、ほとんどそのまま明治政府によって継承されました。明治維新の前後で権力の交代はありましたが、権力の路線は連続していたのです。明治政府による日本近代の形成(国家形成)を方向付けたのは、旧権力によって設定された路線でした。福沢を例外として、旧幕府官僚(特に洋学者)たちの多くが明治政府に投じたのも、彼らが支持した権力の路線が連続していたからです。そしてそれ以後の国家戦略は、この路線の延長線上に策定されました。

「強兵」なき「富国」路線

日本近代の最初の挫折をもたらしたのは、日中戦争と太平洋戦争の敗戦でした。それは幕末以来の「富国強兵」路線を挫折させたのです。敗戦後の日本は、日清戦争前の明治日本、すなわち植民地帝国として「富国強兵」の実を備えた日本が出現する前の小国日本への回帰を想定することによって、「富国強兵」路線の修正を図りました。それが現行憲法第九条の導入による「強兵」路線の放棄でした。他方、「文明開化」路線はさまざまな新しい意匠を施され、維持されました。象徴天皇制もまた、現行憲法の制定過程においては第九条の挿入を前提として制度化され、それと密接に結びつけられました。戦後日本は国民主権を前提とする「強兵」なき「富国」路線を追求することによって、新しい日本近代を形成したのです。

もちろん戦後においても、防衛省設置にいたる日米安保体制下の自衛隊の新設や増強を通して、事実として「強兵」化は行われました。しかし戦後においては、「強兵」が「富国」と結びついた国家目標として掲げられたことは一度もありませんでした。「強兵」なき「富国」路線については、広く国民的合意が成立していたといってもよいでしょう。この路線がさまざまの紆余曲折を貫いて、戦後日本の新しい近代化路線として定着したのです。

一国近代化路線の挫折

ところが「強兵」なき「富国」路線の自明性に根本的な疑問を投げかけたのが、二〇一一年三月一一日に起きた東日本大震災と原発事故でした。それは一九二三年の関東大震災の場合と異なり、苛酷な原発事故を伴うことによって、戦後日本の近代化路線そのものに修復がきわめて困難と思われる深刻な挫傷を与えたのです。

それは、まず第一に、これまで「強兵」なき「富国」路線を推進してきた電力を産出するエネルギー資源の供給の危機を顕在化させたことです。関東大震災の場合には対照的に、その後当時の東京電燈(東京電力の前身)や台湾電力の米貨社債発行引受がウォール・ストリートの有力投資銀行によって行われ、外資による電力開発を誘発する契機となりました。戦後日本においてエネルギー資源は石炭から石油へと転換し、さらに石油から原子力への転換を図る政策が原発事故にいたるまで、政府当局や電力業界によって強力に実施されていました。石炭・石油の段階ではそれぞれの段階で危機に遭遇しながら、それぞれの危機を突破しえたかに思われました。ところが原子力危機についてはそれに先立つ石油危機とは異なり、これを突破しうる展望が開かれていません。原子力危機は経済問題のみならず、政治問題ともなり、国内政治の不安定化要因となっています。

しかも今日のエネルギー危機は日本にのみ限定されず、世界的なものです。これがエネルギー資源をめぐる国際的対立を惹起し、領土紛争を激化させています。第二次大戦前の資源国と非資源国(「持てる者」と「持たざる者」)との対立が再現しているとさえ見られるのです。国際的な協力が最も必要な時代に、「国益」と国民感情を最優先するナショナリスティックな主張――時としては「大国」が「小国」を軽視し、甚だしくはこれを蔑視する「大国主義」――が世界的に強まりつつあります。そのような趨勢に即応して、日本では「安全保障環境」の変化が強調され、さらに進んで軍事力の強化(「強兵」)の必要さえ叫ばれています。戦後の富国路線の行き詰まりが「強兵」の主張を再び呼び覚ましつつあるかのごとくです。

これからの日本が歩むべき道

このような状況にあって、重要なのは各国・各地域のデモクラシー（自由と平等の価値観）の実質的な担い手です。また、デモクラシーにとっての平和の必要を知る「能動的な人民」(active demos)の国境を越えた多様な国際共同体の組織化です。すなわち国家間(inter-state)の協力とともに、市民社会間(inter-social)の協力を促進する努力が必要なのです。それは「国際社会」そのものを変える可能性を開くはずです。

「文明開化」「富国強兵」というスローガンによって方向付けられた幕末以来の日本近代化路線は、もっぱら日本国家の対外強化を目的とする一国近代化路線でした。それはアジアに対する「主権線」と「利益線」の拡大を至上目的とし、アジアの優等生を目指してひた走る国際競争路線でした。今後必要なことは、かつて日本近代化を支えた社会的基盤を、さまざまの具体的な国際的課題の解決を目指す国際共同体に置き、その組織化を通して、グローバルな規模で近代化路線を再構築することではないでしょうか。そのためには、何よりもアジアに対する対外平和の拡大と国家を超えた社会のための教育が不可欠です。

そのような課題を検討する前提として、現在の日本をとりまく国際環境をいかにとらえ、その将来について、日本はいかに関わるべきかを考えたいと思います。

3　多国間秩序の遺産をいかに生かすか

多極化とグローバル化

冷戦の終焉がもたらしたのは、冷戦下の米ソの二極的な覇権構造の解体とそれに伴う国際政治の多極化（もしくはアナーキー化）でした。それがグローバリゼーションの政治的意味に他なりません。

一方でソ連消滅によって旧ソ連を構成していた諸社会主義共和国が分離独立し、それぞれ個別国家化したこと、またソ連支配下にあった旧共産圏諸国がさまざまの形態をとった非共産主義国家として再出発したこと、さらにソ連消滅によって旧共産圏における二大中心勢力、中国とロシアとの力関係が逆転し、中国の存在感が増大したことが冷戦後の国際政治の多極化の有力な要因であることはいうまでもありません。

他方でそれは第二次世界大戦以来のいわゆる西側の国際政治秩序、すなわち「パックス・アメリカーナ」といわれる米国主導の国際政治秩序の変化の結果でもあることは否定できません。米国はソ連消滅当時、その空白を埋めてグローバルな国際政治秩序を形成する絶対的なリーダーシップを行使すると見られていましたが、その後の現実は予想に反しました。冷戦下の趨勢を決定する覇権を掌握していた米ソのG２は、経済先進国連合から成るG６やG７の過渡的段階を経て、冷戦後はG８に発展し、さらにその問題解決能力の不足を補うために、中国やブラジル等の新興国を加えたG20の段階に達しました。これらの各段階は、すでに冷戦中の一九七〇年代から始まっていた覇権国家の解体に伴う国際政治の多極化の進展を反映していたのであり、かつての米ソのような覇権国家の消滅という現実に着目すれば、現在の状況はGゼロの段階といっても言い過ぎではありません。

第一次大戦後の多極化とアメリカニゼーション

それと同じような現実は、二〇一四年に、勃発後一〇〇年を迎えた第一次世界大戦後の国際政治にも見られました。大戦前の英国を主軸とする覇権構造の解体とそれに伴う国際政治の多極化があったのです。それを促進した最大の要因は、第一次世界大戦とともに始まった世界的規模に及ぶ経済的文化的変容、すなわちアメリカニゼーションでした。当時すでにアメリカニゼーションは経済的文化的変容に止まらず、政治的変容をもたらす要因としての大きな可能性を孕んでいました。その衝撃は各国の内政や外交、さらに国際政治にも及んだのです。

日本の「大正デモクラシー」などは、その一つの事例として理解することができます。「大正デモクラシー」は日本一国に限られたローカルな政治現象ではなく、当時の世界的なアメリカニゼーションの日本における露頭とみなすべきです。「大正デモクラシー」といわれる場合の「デモクラシー」とはイギリス英語をはじめ一般的な英語ではなく、アメリカ英語の「デモクラシー」でした。

しかし当時の米国は国際連盟に加入せず、そのアウトサイダーに止まったことに現れているように、外交的には伝統的な孤立主義路線を固守していました。当時の国際政治の多極化を進展させる最大の促進要因ではありましたが、国際政治に統合的役割を果たすアクターとしては、未だ消極的な存在だったのです。アメリカニゼーションが経済的文化的レベルに止まらず、政治的レベルにおいて顕在化するのは、第二次世界大戦の勃発を待たなければなりませんでした。そして政治的アメリカニゼーションが冷戦下の東側に対立する西側の国際政治秩序として確立されたのが「パックス・アメリカーナ」(「米国主導の国際政治秩序」)でした。

冷戦後のグローバリゼーションに相当する歴史的役割を果たしたのが、第一次世界大戦後のアメリカニゼーションであったといえるでしょう。第一次世界大戦後の国際政治の多極化は、「パックス・ブリタニカ」(「英国主導の国際政治秩序」)から「パックス・アメリカーナ」(「米国主導の国際政治秩序」)への過渡期、すなわち国際政治における覇権構造の変化の過渡期の現実でした。このような「パックス・ブリタニカ」後の国際政治の多極化の現実に対応して、第一次世界大戦後には新しい国際政治秩序が形成されます。その東アジア版がワシントン体制でした。これからの国際秩序、とりわけ東アジアにおける国際関係と日本の位置を考える上で、かつて日本がつぶさに経験したワシントン体制の現実を振り返ることは、意味があると考えます。

多国間協調のワシントン体制

一九二一（大正一〇）年一一月から一九二二年二月にかけて、ワシントンＤＣで国際会議が開催されました。そこにおいて締結された諸条約や諸決議を枠組とする国際政治体制のことを、ワシントン体制といいます。これは第一次世界大戦後の米国の政治的影響力の拡大がもたらした結果でもありました。

その特質の第一は、多国間協調を志向する多国間条約のネットワークを基本枠組とするものであったことです。太平洋海域の諸島嶼の軍事的現状維持を主要目的とする関係各国（日英米仏）間の四国条約、中国に関して、その領土的行政的保全および門戸開放・機会均等の原則を中国はじめ関係各国が相互に確認した九国（日英米仏伊白葡蘭中）条約、太平洋国家である日米両国を含む主要海軍国五国（日米英仏伊）間の海軍軍縮条約がそれです。

ワシントン体制前の日本の外交の基本路線は日英同盟でした。そして、これを補完していたのが、日露協商・日仏協商（利益範囲と協力関係についての二国間了解）でした。要するに、英国をはじめとするヨーロッパ列強との二国間条約ないし協商によってつくられた国際関係を前提としていました。それを多国間条約を枠組とする国際関係を前提としたものに変えたのが、ワシントン体制だったのです。

米国は伝統的に孤立主義的外交路線をとり、特定国との間で政治的あるいは軍事的コミットメントを伴う二国間条約に対しては消極的でした。そのような立場をとってきた米国がワシントン体制に参入したのも、それが多国間条約を国際関係を基本枠組とするものだったからです。第一次世界大戦後、国際関係を組織する原則が二国間(bilateral)関係を前提としたものから、政治的軍事的コミットメントのより小さい多国間(multilateral)関係を中心としたものに変わることになったために、米国は国際政治に対して、より積極的になりえたのです。

ワシントン会議の議場

軍縮条約と不戦条約

ワシントン体制の特質の第二は、それが軍縮条約を基本枠組とするものだったことです。大戦以前の国際関係を組織していたのは、日英同盟のような二国間の軍事同盟条約もしくはそれに準ずるもの(日露協商のような軍事同盟の潜在的可能性をもっていたもの)でした。

ところがワシントン体制では、国際関係が非軍事化され、軍事同盟ではなく、軍縮条約によって組織されることになったのです。

なお、第一次世界大戦後の国際関係の非軍事化を象徴するものとして、軍縮条約とならんで不戦条約があります。不戦条約もまた軍縮条約と同じく、多国間条約として各国間に締結されました。いうまでもなく、不戦条約は現行の日本国憲法第九条、特にその第一項「日本国民は……国権の発動たる戦争と、武力による威嚇又は武力の行使は、国際紛争を解決する手段としては、永久にこれを放棄する」という文言の歴史的先例となったものです。現行憲法が公布された一九四六年一一月三日当時の吉田茂首相は、不戦条約が調印された一九二八年八月当時の田中義一首相兼外相の下での外務次官(当時の外交の実務上の責任者)でした。第九条(第一項のみならず、第二項を含めて)を導入した現行憲法に対して、首相兼外相として憲法正文に副署した当時の吉田には大きな抵抗感はなかったと思われます。

経済・金融提携関係

ワシントン体制の特質の第三は、それが当事国間の経済的金融的提携関係によって支えられていたことです。その一般原則を打ち出したのは、ワシントン会議と踵を接して開催されたジェノヴァ会議でした。そこで将来の金為替本位制を根幹とする国際金融体制の構築が決議されたのです。そのための当事国間の経済的金融的提携関係が東アジアにおいて具体化されたのが、一九二〇年に成立した中国に対する日米英仏四国国際借款団であり、そのイニシアティヴをとったのが米国銀行団(特にそのリーダーであるウォール・ストリート最大の投資銀行モルガン商会)とその背後にあった米国国務省であったことは、すでに第二章で見た通りです。

しかし四国借款団の本来の目的である対中借款供与は、投資対象である中国の政治的経済的不安定、中国自体が中国の財政的自主性を損なうとして国際借款団を敵視したことなどから、遂に一度も行われませんでした。ところが反面で四国借款団を媒介として、四国間(特に日米両国間)の経済的金融的提携関係は強められ、それがワシントン体制を支える基礎となりました。その意味で四国借款団はワシントン体制の経済的金融的部分と見ることができるのです。

一九三〇年の日本の金為替本位制復帰(金解禁)の背景にも、このような密接な日米間の国際金融提携が重要な要因として働いていました。それが、金解禁の必要的前提措置としての金準備のための英米両国金融資本による対日クレジットの設定を実現させたのです。まさに一九二二年のジェノヴァ会議が打ち出した一般原則が、ワシントン体制の経済的金融的部分を強化する形で、東アジアにおいて具体化されたといえるでしょう。

こうして第一次世界大戦前、英国の海軍力によって維持された極東の平和、日本が日英同盟によってその一翼を担った「パックス・ブリタニカ」は、第一次世界大戦後は英国を含む主要海軍国間の軍縮条約、それと不可分の二つの多国間条約(四国条約および九国条約)、さらに当事国間の経済的金融的提携関係によって形成されたワシントン体制によって継承・維持されることとなったのです。

中国をめぐる国際協調は成り立つか

ワシントン体制には固有の不安定化要因がありました。それは中国ナショナリズムの進展に対して、関係諸国(九国条約国)間に国際協調が成り立つか否かという問題があったことです。たとえば、日米間、日英間、さらに英米間に中国ナショナリズムへの対応において、国際協調が成り立つか否かの問題が、ワシントン体制それ自体を揺さぶり続けました。

日本は中国ナショナリズムとの協調よりも、中国以外の関係諸国(特に英米)との協調を優先し、それによって中国ナショナリズムの攻勢を凌《しの》ごうとしました。ところが中国に権益を持たない米国は、本来的に中国ナショナリズムとの協調を優先し、中国に巨大な権益を持っていた英国は日本との帝国主義的協調を一つの選択肢としながら、結局中国における権益の維持を図る立場から、中国ナショナリズムとの協調を選択しました。

日本は中国において孤立し、満州事変によって隘路の強行突破に走りました。これによって、ワシントン体制の不安定化要因は一挙に破綻要因に転化します。ここに第一次世界大戦の「戦後」は終わり、新しい「戦前」が始まるのです。

冷戦後二〇年を超えた今日においても、安定した国際政治秩序は依然として未完の課題です。その原因は、世界的な傾向としてのナショナリズムを超える理念が不在であること、そして、「国益」に固執する短絡的な「リアリズム」が根強いことでしょう。覇権構造解体後の国際政治の多極化の現実に適合した国際政治秩序の理念が必要とされているのです。それは、かつての覇権構造解体後に成立したワシントン体制の正負両様の歴史的経験に立脚したものでなければなりません。

現在においても、中国をめぐる問題が、世界と日本を揺るがしています。現在の中国は、かつてのワシントン体制下の中国とは比較にならぬ強大国となり、冷戦下の覇権構造が解体した後の国際政治の多極化を推進する最も有力な要因であることはもちろんですが、それ以上にその行動は中国周辺諸国には脅威感を与えるほどに、拡大主義的でさえあります。今日日本において国際環境がどちらかといえば、「安全保障環境」として論じられ、「日米同盟」がともすれば、中国を仮想敵国とする軍事同盟として語られるのも、一因は中国の行動にもあります。

第二章において述べたように、かつて一八七〇年代に沖縄をめぐって、緊張関係にあった日清両国は相互に緊張緩和に努力し、戦争を回避することができました。その際日清両国の間に立って、両国の平和への努力を助けたのは、元米国大統領のユリシーズ・グラントでした。今日の米国が沖縄の周辺をめぐって再び対立する日中両国の間に立って、危機の回避のために貢献することは十分に可能です。おそらく、そのことが日中米三国それぞれの「国益」に資することと信じます。

今日米国やヨーロッパにおいては、短絡的な保護主義の衝動や一国主義に向けての視野の縮小が強まる傾向があります。ワシントン体制はその挫折にいたるさまざまの弱点にもかかわらず、軍縮条約に基づく平和的かつ現実的な多国間秩序のゆえに、無秩序と無理念に流れる今日の世界および日本にとって、歴史の教訓とするに値すると思います。少なくとも、ワシントン体制の重要な遺産を憲法第九条に遺している日本は、そのことの意味を考えるべきです。

あとがき

昨年人生八〇年を越えた私にとって、その五〇年を越える部分は、学問人生であります。必ずしも短いとはいえない学問人生をふりかえって、その間に達成した私の事業は余りにも貧しく、誇るに足るようなものではありません。むしろ私にとっては、私の人生八〇年そのものの方が、たとえ凡庸な人生であったにせよ、私が達成した最大事業であったという思いが強いのです。それこそが内村鑑三のいう私なりの「後世への最大遺物」といえるのかもしれません。

それはともかく、私はこれまで、いつのころからか、学問人生の中の「青春期の学問」に対する「老年期の学問」の意味を考えてきました。多くの場合、学問の成果(特に目立つ学問の成果)は、「青春期の学問」の成果であり、「老年期の学問」の成果と目すべき実例は、ほとんど念頭に浮かんで来ませんでした。「青春期の学問と老年期の学問」(『近代日本の戦争と政治』岩波人文書セレクション所収)というエッセイを書いたのは、今から三〇年近く前の一九八八年のことでした。それには、私は「老年期における学問の意味を明らかにしえないような学問観は、学問観としては……一面的であるといわざるをえない」と書きました。当時既に「老年期」を自覚していた私は、業績主義を本位とする「青春期の学問」だけでは、人生全体に対する学問の意義を語ることはできないのではないかと思い始めていました。今や学問人生の遠からぬ終焉を前にして、その黄昏を歩みながら、私は一層の切迫感をもって、私自身のこれからの「老年期の学問」について考えました。

「老年期の学問」について、今日のところ、私は次のように考えています。「老年期の学問」は、所詮「青春期の学問」の可能性の範囲を超えるものではない。それぞれの「青春期の学問」がもっていた可能性を限界にまで追求することによってしか、「老年期の学問」は成り立たない。結局「青春期の学問」のあり方が「老年期の学問」のあり方を決定する。それが私の結論です。「青春期の学問」がなしえなかったことを「老年期の学問」に求めようとするのは、幻想にすぎません。つまり両者は本来不可分であり、恣意的に切り離すことはできないということです。人生の一体性は、学問人生においても同じだと思います。

ただ「老年期の学問」は、どちらかといえば、特殊なテーマに焦点を絞る各論的なレベルの発展よりも、より一般的なテーマに傾斜した総論的なレベルの発展に力点を置くべきではないかと考えます。いわば"general theory"に相当するものの形成を目指すべきではないかと思うのです。これが欠けていると、異なる学問分野との間の学際的なコミュニケーションが成立しないと思うのです。今の学問は各論的なレベルの発展は顕著なのですが、総論的なレベルの発展には関心が薄い。そこには今の学問を支配する業績主義的価値観が影響しています。

私は学問の発展のためには、学際的なコミュニケーションの他に、プロとアマとの交流がきわめて重要だと思います。そのためにも、「総論」(general theory)が不可欠であり、それへの貢献が「老年期の学問」の目的の一つではないかと思います。実は今般、あえて正面から「日本の近代とは何であったか」と問いかけ、それについての私の見解を限られた紙幅の中にまとめようとするにいたったのは、私なりに日本近代についての総論的なものを目指したからです。

もちろんそのような意図は、十分な結果を伴ったとはおそらくいえないでしょう。そもそも日本近代に対する私の視野は限定されており、それはせいぜい政治経済的な分野以外には広がっていません。それは歴史家としてオールラウンドに全体を考察することができない私の能力の問題に原因することであるとともに、日本近代を見る歴史家として、避けることができない私特有の視角にも由来すると思われます。ふりかえって、総論的なものに目標を設定しながら、結果としては各論的なものを脱することができなかったことを反省しています。

しかし当初の意図を十分に実現することができなかったとしても、日本近代そのものについて、総論的なものを目指したことには、それなりの意義があったと考えています。そのような作業に着手するに当たって、そのすぐれた先駆的実例とみなしたものがあります。それは英国近代について、まさに総論的考察を試みたウォルター・バジョットの『自然学と政治学』(*Phys-*

ics and Politics, 1872)です。本書の導入部に『自然学と政治学』を使ったのは、私が日本近代について試みようとしていることを、バジョットは既に一四五年前に英国近代について試み、成功しているからです。

私がこのバジョットの書物を熟読したのは、今から一〇年前でした。そのきっかけになったのは、一〇年前に患った一四時間に及ぶ手術を伴なう重病でした。そのために、結局私は二カ月の病院生活をよぎなくされましたが、その回復期に最初に読んだのが、それまでは読んだことのなかった夏目漱石の一九一〇年の大患からの回復期について書いた「思ひ出す事など」(一九一一年)という小品です。その最初の部分に、漱石が入院していた病院の長与称吉院長の訃報とともに、漱石を驚かせた訃報として、米国のプラグマティズム哲学の創始者ウィリアム・ジェームズのそれが取り上げられているのは、私にとっては全く意想外でした。

しかもさらに意想外であったのは、ウィリアム・ジェームズの思想および文章に対する漱石の強い愛着であります。漱石は大患による衰弱状態の中で、ジェームズの最後の著書となった『多元的宇宙』(*A Pluralistic Universe*, 1908)を完読しました。これについて、漱石は次のように書いています。「文学者たる自分の立場から見て、教授が何事によらず具体的の事実を土台として、類推《アナロジー》で哲学の領分に切り込んで行く所を面白く読み了《おわ》つた。……自分の平生文学上に抱いてゐる意見と、教授の哲学に就いて主張する所の考とが親しい気脈《きみゃく》を通じて彼此《ひし》相倚《あいよ》る様な心持がしたのを愉快に思つたのである。ことに教授が仏蘭西の学者ベルグソンの説を紹介する辺りを、坂に車を転がす様な勢で馳け抜けたのは、まだ血液の充分に通ひもせぬ余の頭に取つて、どの位嬉しかつたか分らない。余が教授の文章にいたく推服したのは此時である。」

ついでながら、この漱石の感想は、ちょうど同じ時期にベルグソンの影響を受け、「純粋経験」という概念に基づき、『善の研究』(一九一一年)を書いた西田幾多郎を想起させました。「純粋経験」は、同じくベルグソンに触発されたウィリアム・ジェームズの哲学の基本概念でもあります。私は、漱石と、西田、ジェームズ、ベルグソンとが専門を異にしながら、同じ知的空間に生きていた同時代人であった事実に触れ、深い感銘を受けました。

しかもジェームズに深く共感しながら、その最後の著書を読破することができたことは、病気に立ち向かう漱石の自信をも回復させたようです。「今から顧みると、当時の余は恐ろしく衰弱してゐた。仰向に寝て、両方の肘を蒲団に支へて、あの位の本を持ち応へてゐるのに随分と骨が折れた。……けれども頭は比較的疲れてゐなかつたと見えて、書いてある事は苦もなく会得が出来た。頭丈はもう使へるなといふ自信の出たのは大吐血以後此時が始めてであつた。嬉しいので、妻を呼んで、身体の割に頭は丈夫なものだねと云つて訳を話すと、妻が一体貴方の頭は丈夫過ぎます……と答へた」と漱石は書いています。そして長与称吉およびジェームズの死について、次のような感慨を漏らしています。「余の病気に就て治療上色々好意を表してくれた長与病院長は、余の知らない間にいつか死んでゐた。余の病中に、空漠なる余の頭に陸離の光彩を抛げ込んでくれたジェームズ教授も余の知らない間にいつか死んでゐた。二人に謝すべき余はたゞ一人生き残つてゐる。菊の雨われに閑ある病哉。菊の色縁に未だし此晨《このあした》。」

漱石はジェームズの『多元的宇宙』の他に、もう一つ療養中の読書体験を記しています。それはアメリカにおいて創成期の社会学を担った一人であるレスター・ウォードの大作『力学的社会学』（*Dynamic Sociology*, 1883）です。私などは名を知るのみで、触れたこともない上下二巻、一五〇〇頁にも及ぶ大冊を、病院生活を送っていた漱石が読破したと書いていることに衝撃を受け、茫然としました。漱石が『力学的社会学』に関心をもったのは、もっぱら「力学的《ダイナミック》」という形容詞に惹かれたからであり、「平生から一般の学者が此一字に着眼しないで、恰も動きの取れぬ死物の様に、研究の材料を取り扱ひながら却つて平気でゐるのを、常に飽き足らず眺めてゐたのみならず、自分と親密の関係を有する文芸上の議論が、ことに此弊に陥り易く、又陥りつゝある様に見えるのを遺憾と批判してゐた」とその理由を説明しています。

ところがこのウォードの著作に対しては、漱石の読後感は、ジェームズに対するのと全く対照的に冷然たるものでした。「恐ろしく玄関の広い前置の長い本であつた。さうして肝心の社会学そのものになると、頗る不完全で、且つ折角の頼みと思つてゐる所謂力学的《いわゆるダイナミック》が甚だ心細くなる程に手荒に取扱はれてゐた。……今に本当の力学的が出るだらう、今に高潮の力学的が出るだらうと、何処までも著者を信用して、とうとう千五百頁の最後の一頁の最後の文字迄読み抜けて、さうして期待した程のものが何処からも出て来なかつた」と書いています。全く当時の西洋の専門学者の権威をものともしない痛烈なまでに率直な批判です。

私は漱石の所説を読んで、過去に読んだ一冊の本を想起しました。それは本書でも言及した米国の歴史家リチャード・ホーフスタッターの『アメリカ思想における社会進化論』(*Social Darwinism in American Thought*, 1944, Revised Edition, 1955)です。これは米国においてハーバート・スペンサーの社会学がいかにうけ入れられ、それが米国の資本主義の形成にいかに寄与したかを明らかにするとともに、その後の米国独自の社会学や社会思想(特にジェームズやデューイのプラグマティズム)の形成にいかに影響したかを論じたすぐれた著書です。漱石が冷評したウォードの社会学については、それがスペンサー批判に立脚して、独自の学問的思想的貢献を行ったことの意義が高く評価されています。特に米国において、ウォードがレッセ・フェール資本主義を推進するイデオロギー的役割を果たした社会進化論に対する批判の先駆者として、ホーフスタッターのようなニュー・ディール世代の知識人に訴えるものがあったと思われます。

ホーフスタッターの著書については、私が研究者としての修業を始めた半世紀以上前、丸山眞男先生から教えられて初めて知り、一九六九年八月に初めてアメリカに行った際、ニューヨークのコロンビア大学書籍部でそのペーパーバック版(Beacon Paperback Edition, 1955)を購入して以来、再三にわたって熟読し、傍線やコメントを書き込んだ書物ですが、漱石に刺激され、改めて読み直しました。そしてその際ジェームズがバジョットの『自然学と政治学』を大いに賞賛していたことを知りました。昔読んだ時には、全く気に留めなかったことでした。そこで私は病後の漱石がジェームズの『多元的宇宙』を読んだように、昔古書店で購入したまま、半ば死蔵していたバジョットの『自然学と政治学』の原本を繙くことを思いついたのです。それはひたすら漱石に倣って、重病に苛まれ、衰弱していた心身の回復を図ろうとしたのが動機でした。それが偶然にも本書の「序章」を書くことにつながったのです。

私は英国の近代について書かれた『自然学と政治学』を読むことによって、日本の近代について、総論的なものを書くこと、そしてそのために日本近代の概念的把握を試みることの重要性を知りました。そのような過程を経て、日本近代に対する認識は進歩するのだと考えました。カントによれば、人間の認識はすべて直観をもって始まり、直観から概念にいたり、理念をもって終ります。そして理念の先に、理念によってのみ規定される理想があります。本書において、私が試みようとしたのは、日本近代を対象とする「直観」から「概念」への認識の発展を模索することであり、本書はその結果よりも、その意図により多くの意義があるのではないかと考えております。

本書の執筆を引き受けたのは、二〇〇三年のことでありますから、それ以来多くの年月を費やしました。その間、世界も、日本も、そして私個人も極めて多事でありました。そしてその間の「多事」は、本書の内容にも、構成にも、また本書の刊行が遅延したことにも、大きな影響を及ぼしました。本書の執筆以前には全く予期していなかった個々の事件が、日本近代についての私の既成の認識に問題を突きつけ、それを揺るがしたこともありました。歴史は現実であり、現実は歴史であるというのが私の実感です。

本書は岩波書店編集部の小田野耕明さんから直接に打診を受けたことに始まりました。しかしそれ以来執筆のペースは上がらず、毎年何回も小田野さんの督促を受けました。特に一〇年前に重病に陥った時には、一旦は執筆を断念しようとさえ思いました。しかし幸いにも私は生き延びて、今日を迎えることができました。このことは単に幸運というよりも、奇跡だと思っています。生きていることは奇跡だというのが、今の私の率直な感じです。その奇跡の累積が、私の人生八〇年だと思っています。そのことは、単に私個人の人生についていえることではなく、より一般的にいえることではないかと思っています。

しかし私の人生の奇跡は、それが私にもたらした本書の客観的内容をも奇跡的とするものではありません。再三述べましたように、本書は私が意図したところよりも内容的には平凡であり、むしろ平凡であることがその長所の一つであるかも知れないとさえ思っています。そのような長所を引き出すのに貢献してくださった小田野さんは、著者である私とその読者とを、どちらに対しても忠実な態度をもって媒介する編集者として、著者である私を極力読者に近づけるよう、努力してくださいました。著者として、深く感謝します。

最後に、あえて蜀を望む言を付け加えれば、私はもちろん本書が現世の読者に読まれることを望みますが、できれば後世の読者にも読まれることを望みます。それが不遜の言であることはよくわかっていますが、本書が試みた日本近代の初歩的な概念的把握と近代後の日本および世界への展望がどの程度に有効なものであったかを、後世の立場から検証してもらいたいと願うからです。森鷗外は尊敬した澀江抽斎の「述志の詩」に寄せて、「老驥《ろうき》（老いた駿馬）櫪《れき》（厩）に伏すれども志千里に在りといふ意が此中に蔵せられてゐる」と書いています。要するに「俊傑は老いても志は衰えない」という意味です。鷗外は何よりも、「澀江抽斎」のような「史伝」という新しいジャンルに挑む自分自身の晩年のイメージを抽斎の「述志の詩」から得られた「老驥」に見出そうとしたのです。かつて「驥」（駿馬）であったことのない私は、もちろん抽斎や鷗外のような「老驥」にはなりえないのですが、それでも志はこの先の千里に在らせたいと願っています。

二〇一七年二月二四日

三谷太一郎

人名索引

さ 行

た 行

な 行

や 行

ら 行

わ 行

三谷太一郎

1936年岡山市生まれ
1960年東京大学法学部卒業
現在一日本学士院会員，東京大学名誉教授
専攻一日本政治外交史
著書一『増補　日本政党政治の形成』
『大正デモクラシー論[第3版]』
『増補　政治制度としての陪審制』
『ウォール・ストリートと極東』
『学問は現実にいかに関わるか』
『人は時代といかに向き合うか』
『戦後民主主義をどう生きるか』(以上，東京大学出版会)
『近代日本の戦争と政治』(岩波書店)ほか

日本の近代とは何であったか
——問題史的考察　岩波新書(新赤版)1650

2017年3月22日　第1刷発行
2017年4月14日　第2刷発行

著　者　三谷太一郎《みたにたいちろう》

発行者　岡本　厚

発行所　株式会社　岩波書店
〒101-8002　東京都千代田区一ツ橋2-5-5
案内　03-5210-4000　営業部　03-5210-4111
http://www.iwanami.co.jp/

新書編集部　03-5210-4054
http://www.iwanamishinsho.com/

印刷・精興社　カバー・半七印刷　製本・中永製本

ISBN 978-4-00-431650-3　Printed in Japan

岩波新書新赤版一〇〇〇点に際して

ひとつの時代が終わったと言われて久しい。だが、その先にいかなる時代を展望するのか、私たちはその輪郭すら描きえていない。二〇世紀から持ち越した課題の多くは、未だ解決の緒を見つけることのできないままであり、二一世紀が新たに招きよせた問題も少なくない。グローバル資本主義の浸透、憎悪の連鎖、暴力の応酬――世界は混沌として深い不安の只中にある。

現代社会においては変化が常態となり、速さと新しさに絶対的な価値が与えられた。消費社会の深化と情報技術の革命は、種々の境界を無くし、人々の生活やコミュニケーションの様式を根底から変容させてきた。ライフスタイルは多様化し、一面では個人の生き方をそれぞれが選びとる時代が始まっている。同時に、新たな格差が生まれ、様々な次元での亀裂や分断が深まっている。社会や歴史に対する意識が揺らぎ、普遍的な理念に対する根本的な懐疑や、現実を変えることへの無力感がひそかに根を張りつつある。そして生きることに誰もが困難を覚える時代が到来している。

しかし、日常生活のそれぞれの場で、自由と民主主義を獲得し実践することを通じて、私たち自身がそうした閉塞を乗り超え、希望の時代の幕開けを告げてゆくことは不可能ではあるまい。そのために、いま求められていること――それは、個と個の間で開かれた対話を積み重ねながら、人間らしく生きることの条件について一人ひとりが粘り強く思考することではないか。その営みの糧となるものが、教養に外ならないと私たちは考える。歴史とは何か、よく生きるとはいかなることか、世界そして人間はどこへ向かうべきなのか――こうした根源的な問いとの格闘が、文化と知の厚みを作り出し、個人と社会を支える基盤としての教養となった。まさにそのような教養への道案内こそ、岩波新書が創刊以来、追求してきたことである。

岩波新書は、日中戦争下の一九三八年一一月に赤版として創刊された。創刊の辞は、道義の精神に則らない日本の行動を憂慮し、批判的精神と良心的行動の欠如を戒めつつ、現代人の現代的教養を刊行の目的とする、と謳っている。以後、青版、黄版、新赤版と装いを改めながら、合計二五〇〇点余りを世に問うてきた。そして、いままた新赤版が一〇〇〇点を迎えたのを機に、人間の理性と良心への信頼を再確認し、それに裏打ちされた文化を培っていく決意を込めて、新しい装丁のもとに再出発したいと思う。一冊一冊から吹き出す新風が一人でも多くの読者の許に届くこと、そして希望ある時代への想像力を豊かにかき立てることを切に願う。

（二〇〇六年四月）